朱天衣創意玩作文有聲書 2

文字魔力超級吸睛

朱天衣 著

五南圖書出版公司 印行

序 寫作是一件自然好玩的事

一個人只要會說話又認識字，就應該會寫作，或者也可以這麼說，寫作就像說話一樣，只不過寫作所使用的是文字而已。可是為甚麼大家都很怕寫文章呢？不光是小孩，連大人都怕呢！不信的話，你可以看看爸爸、媽媽寫報告時的煩惱便明白了。

如果文章是功課、寫來是要給人看的，還關係到比賽或考試，那真的就輕鬆不起來，但若是自己主動想寫，甚至是針對某個話題，想表達自己的想法時，寫作便成了我們抒發的管道，不必人催逼，不吐不快的自然就能完成一篇佳作。心情札記如此，告白信、情書也是如此。當然老師在課堂上出的某個習作，正好你有類似的經驗，那麼就是你發揮的機會了。

所以常有人問，我是如何教作文的，我總會說，寫作是每個人與生俱來的能力，是不需要教的，我在課堂上所扮

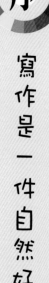

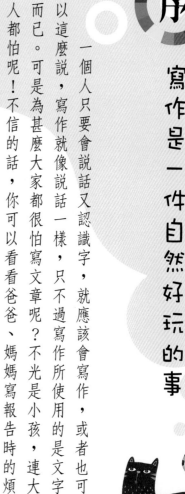

演的角色，只是做一個引導，或者說，我只是在營造一種氛圍，讓孩子們進入當天要書寫的主題的情境中，以經驗分享的方式，勾起孩子寫作的欲望，從而主動歡喜的寫下自己的所思所想。

常常又有人會問我，要如何才能讓自己寫出一篇好文章，我的答案是「閱讀」，因為當我們在看別人的作品時，常會勾起我們書寫的衝動，同樣一件事，同樣的經驗，別人是這麼感覺的，別人是這麼描繪的，那麼換作是自己，又會如何闡述表達呢？此外我們也會不自覺的受一些作家的寫作風格影響，他的文筆，他的敘事技巧，可能在我們初學寫作時，難免成為我們仿傚的對象，這是沒有關係的，隨著我們讀得越多、寫得越多，漸漸就會掙脫這些影響，從而找到屬於自己的風格。

而且閱讀不僅能提升寫作能力，還可以增強我們的學習力，也就是說，可以使我們學習任何科目、任何事情，都變得容易許多，簡單說，閱讀可以讓我們變得更聰明呦！

還有要寫出動人的文章，要多發揮自己的感官，多接觸真實的世界，若只是一天到晚「宅」在家裡看電視、玩電腦，又如何細膩生動的描繪出人事物呢？一個對周遭環境無感的人，連春夏秋冬時令變遷都不知道，要如何敘述這世界的奧妙？一個連家人同學都不想搭理的人，怎能冀望他寫出深情款款的文字來？而不屑理會身邊的動物、蟲蟲、樹木、花草的人，又如何期待他能為生命的存在讚嘆呢？

所以寫作並不難，多讀多寫，像武林高手多練功即可，但是真正要寫出動人的文章，就請你多和真實世界接觸，並且時時走入大自然中，與各式各樣的生命來場邂逅吧！

米天衣

目錄

序　寫作是一件自然好玩的事

作文讀本

1. 花花世界　2
2. 清明掃墓　11
3. 挑食大王　18
4. 雨　26
5. 暑假的美好時光　34
6. 鬼門開　43
7. 特別的老師　51
8. 月　59
9. 我是一棵樹　68
10. 聖誕天使　75
11. 冷冬　84
12. 除舊布新　93

遊戲讀本

1. 成語練習 102
(1)人體器官大集合 102
(2)造句 104
(3)成語解釋 105
2. 燈謎 108
(1)猜字 108
(2)猜成語 109
3. 字音辨正 112
4. 改錯字 122
5. 部首猜猜看 129
6. 歇後語接接看 134
7. 成語練習 138
(1)天地人 138

(2)造句 140
(3)成語解釋 141
8. 反義詞 144
9. 反義成語 149
10. 色彩的聯想 154
11. 聲音的描述 158
12. 甲骨文猜一猜 161

作文讀本

1. 花花世界

每當農曆過年前後，綴滿枝椏像白雪的李花及路旁水紅的山櫻，都會是新春年節最好的裝飾，除了多添了一份喜氣，更讓人感覺到春的到來。水仙、紅梅也會是許多家庭過年時必備的擺設，它們會在屋子一隅徐徐綻放、幽幽吐著香氣，令人忍不住想親近它們。

有時看著各式各樣的花，心情便會隨之起舞，而各種花又有不同的姿態、不同的香氣，會帶給我們不同的想像，今天就來談一談這些出現在我們生活周遭的花精靈，所帶給我們的一切感受吧！

像我就特別喜歡金桂、玫瑰、紫藤、愛染桂，在我的院子裡就種了上百棵的桂花，它非

常適合我們山上的氣候，完全不需要照顧就長得非常好，而且會從深秋一直開花到隔年的初夏，所以又可以稱作是四季桂。朱老師的父親很喜愛桂花，會採擷它來做桂花釀，這也是我對桂花特別鍾情的緣故，有時候在院子裡忙，隨手摘一撮桂花含在口裡，幽幽的香氣會讓我想起很多很多的往事，包括和父親一起忙著做桂花釀，也包括所有屬於他的記憶。

而玫瑰的難以捉摸，也是令人神往的，像朱老師對花香特別敏感，太濃郁的香水百合、夜來香總會令我頭發昏，而在等紅燈時人們販售的玉蘭花則會讓我的呼吸系統出狀況，就算想幫他們、想買一串也沒辦法。而玫瑰的香氣似有若無的，最能撫貼我的心緒，縱然一大捧的出現在眼前，那香氣也是怡然的，還有玫瑰的姿態既高雅又帶著一股野性，從含苞待放到一瓣瓣凋零，都有可觀之處，而且它瓶插、盆

栽、蔓生在野地裡都很好看，或就只是形單影隻的出現，都有一種孤子的美，總之，玫瑰在我心中是極其完美的。

而紫藤與愛染桂粉紫成串的花架，是視覺的饗宴，尤其它們攀附在屋簷、牆頭時，特別有一種浪漫的情懷，朱老師便在屋子旁搭了一個花架讓紫藤攀爬，每當春天開花時，透過玻璃窗就可以看到一串串像葡萄一般粉紫的花架，說有多美就有多美；而像一叢叢繡球的愛染桂，多在秋天綻放，紫、淺紫到粉白，串在一起也是美極了，它又叫蒜香藤，因為葉和莖真的有大蒜的氣味，還具備驅趕蚊蟲的效果呢！但愛染桂這名字似乎更適合它，朱老師年輕時就曾為這浪漫的紫寫過一首「愛染桂小屋」的新詩唷！

在臺灣是一年四季都賞得到花，春天就不

用說了，夏天有油桐、荷花，秋天則是菊花、芒花，到了冬天，梅就最具代表性了，而有些花是一年四季都開的，除了前面提到的四季桂，最常見的大概就是非洲鳳仙了，它開的花橘的、紫的、紅的、粉的、白的，甚麼顏色都有，除了五彩繽紛很熱鬧，它的種子更有趣，輕輕一捏，便會像炸彈般爆破，一粒粒像芝麻的種子會彈飛出來，落在哪兒，很快便又萌生出一叢叢的非洲鳳仙。

還有些花是半夜才會綻放的，像朱老師小時候家裡便種了一株曇花，每到花季時，它們便會在夜晚悄悄的綻放，不過它開花時，總會二、三十朵一起綻開，那香氣便襲襲漫進屋裡，這時就算再晚，我們都會拿著手電筒到後院賞花，它的花朵有一個成人的手掌大，皎潔晶瑩的好似精靈，美得不得了，但不等夜盡花就萎了，難怪會有「曇花一現」這個成語。

不過，謝了的花可以燉湯，聽說可治氣喘呢！我曾經把它的花瓣夾在書頁裡，試圖留下它的美，但後來翻開書再看到它時，卻呈透明狀，它真的像精靈般已不知飄到哪兒去啦！

秋天的菊花除了可以觀賞，還可以晒乾了泡茶喝，聽說可以降火唷！在古時候文人雅士每到中秋前後，都會邀約賞菊品茗，還會飲酒作詩呢！像「紅樓夢」中寶釵、黛玉結詩社，就曾經以「菊」為題，比賽誰的詩寫得好。而冬天的梅更是具代表性，越冷的天氣，它開得越好也越持久，難怪我們會拿它當作國花，用來象徵中國人的堅忍不拔。

所以你發現沒？每一個國家都有它所代表的花卉，日本是櫻花、韓國是桔梗、香港是紫荊，有的城市也有屬於自己的花，那麼，你覺得甚麼花最能代表自己呢？有些陽光男孩可

能自許是向日葵，有些害羞的女孩可能自覺是含羞草，而自戀的人，就非水仙莫屬了，因為希臘神話裡，不就有一個一天到晚到水池邊痴痴看著自己倒影的男子，最後神乾脆把他變成了水仙，不是嗎？你呢？你會選擇甚麼？如果是我，我當然會選擇我所愛的玫瑰，不過不是溫室中備受呵護的玫瑰，而是在野地裡恣意生長的玫瑰，小心！我全身都是刺，別靠我太近唷！

關於花，有太多可以書寫的題材了，除了寫出心目中的最愛，還可以多談談它帶給你的感受與回憶，或者也可以寫寫它的特別之處，以及它讓你聯想到了甚麼，比如前面提到的向日葵，它是不是很像太陽的粉絲，每天都痴痴的望著太陽，直到夕陽西下，它才低下頭休息；而非洲鳳仙，是不是會讓你聯想到恐怖份子，隨身攜帶炸彈搞爆破？

有白色花絮的咸豐草，它的種籽又像黏人精，常巴著人不放，小時候我們會把它當武器互射，最後再看誰中箭最多，也難怪它又會被叫作鬼針草；同樣是開白花的油桐，每年五月布滿整個山林，除了像白雪，當它飄落時，是不是也像一個芭蕾舞孃，穿著白紗翩翩起舞？

秋天時滿山遍野的芒花像為山林添了新裝，把它拿在手裡揮舞，是不是也很像神仙的魔法棒？它所散落的花絮，就好像施展魔法時迸發的星光。而且它還是最好的逗貓棒，朱老師家的貓咪就愛死了這芒草花。而長在路邊的紫色牽牛花，也很像一個個小喇叭，它們好像不怕累的樂手，永遠在為我們吹奏著無聲的樂章。我們小時候會把牽牛花串成花環，戴在頭頂、胸前和手腕上，是所有小女孩最喜歡的裝扮。

花卉除了觀賞，還可以拿來玩、拿來吃，又可以勾起我們許多美好的回憶，進一步激發我們的想像力，甚至藉著花的特性，還可以更進一步瞭解自己，真是太有意思了。所以小朋友可以趁著週末假期時，多注意一下四周的環境，看看校園、社區裡是不是正綻放著各式各樣的花卉，而山林田野間是不是也早已百花爭妍了呢？到戶外走一走，一定可以激發你許多的靈感，回來後再以花卉為主題，寫出一篇百花齊放的好文章。

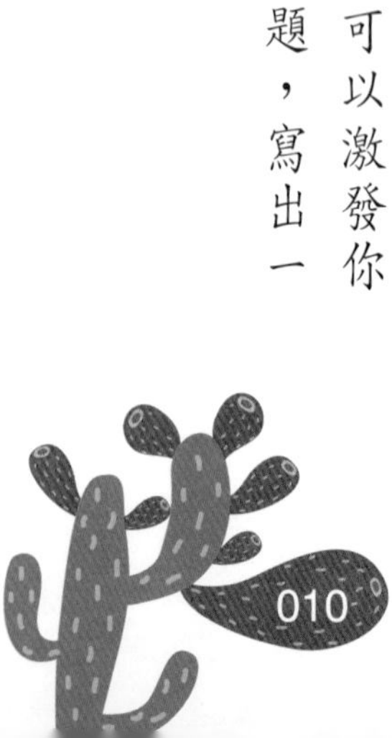

2. 清明掃墓

中國人是慎終追遠的民族，對祭祖掃墓十分重視，即便平日大家都散居在各地，但是到了掃墓這一天，作兒孫晚輩的都要齊聚一堂，為先人盡一份心力，這在中國人的腦海中早已根深柢固。在桃園便有一個葉姓家族，每當他們掃墓時，都可以聚集到一萬人以上，場面十分壯觀，這真是一個興旺且向心力十足的家族呀！

可是朱老師小時候所住的眷村，絕大部分的父執輩，包括我的父親，全是隻身一人來到臺灣，我們從未謀面的爺爺奶奶及所有的親人全留在大陸，在那個時代，兩岸是無法來往的，連音訊也完全隔絕，彼此是生是死全無法得知，所以每到清明時，只覺得鄰居的叔叔伯伯們，臉龐都掛著一種不確定的哀思，到底該不該祭拜生死未卜的親人？到底該不該燒些紙錢？那樣的愁容、那樣的心情，是當時年幼的我們完全無法理解的。

當時在我們村子旁，便是臺北第一公墓，平日雜草叢生，無法看清裡面有些甚麼，只覺得陰森的可怕，再加上大家喜歡鬼話連篇傳些有的沒的故事，弄得每個孩子都怕得要死，那綿延了兩百多公尺的山坡，簡直成了我們的禁地，沒人敢越雷池一步，有時我們在那片坡底下的廣場打棒球，若有人奮勇擊出一支全壘打，球飛到山坡上，那麼一定會招來大家同情的嘆息聲，因為這時再怎麼不情願，也必須硬著頭皮在墳墓堆裡，尋回那個大家合資買來的小皮球，這對年幼的我們來說，大概算是最嚴厲的酷刑了。除此之外，當大家一窩蜂養蠶寶寶，周遭所有的桑葉又都被採空的時候，就會看到山坡上那幾株長得肥碩葉片的桑樹，在對我們招手，採是不採呢？眼看自己的蠶寶寶奄奄一息，也只好抱著必死的決心，成群結隊衝上山，採完後又屁滾尿流的逃下來。

清明後，那一座座的墓碑都被清理出來了，有的上面還嵌著清晰可見的照片，一樣把我們嚇得雞貓仔喊叫，那時我真的不明白，為什麼來掃墓的人一點都不害怕，能自如的在墓碑中穿梭，除草、焚香又放鞭炮的，好像在辦喜事一樣，帶來祭拜的食物還敢吃下肚，這對我來說，簡直像是天方夜譚般的不可思議。

後來是我長大了，身邊的親人好友漸漸往生了，當我再度來到墓園探望他們時，思念懷想的情緒充塞心頭，哪還會害怕呢？我也才明瞭，若墓地裡長眠的是你所愛、所敬的人，就不會有畏懼的心了。

我覺得中國人真的很厲害，像掃墓這樣應該是件哀傷的事，卻能辦得好好像節慶一般，首先家族團聚就熱鬧得不得了，許久不見的親戚，就可以藉此好好敘敘舊了，而小孩們又可趁機出外踏青，好似郊遊般其樂融融。而且在掃墓前，還要準備一些供品，像朱老師的外婆是客家人，每到清明一定會做一籠又一籠的艾草粄，是用糯米加艾草揉合而成的，這粄呈青綠色，甜的不加餡，揉成圓餅狀，鹹的呈橢圓形，裡面包了晒乾的蘿蔔絲，放在月桃葉上蒸透了就可以食用了。這客家人叫菜包的東西，我小時候怎麼都不肯吃，因為覺得那是給死人吃的，是後來長大了，不再把死亡看得那麼可怕，才重新愛上了這客家風味的點心，尤其是那艾草的清香，真是令人回味。

你們呢？掃墓時會準備些甚麼東西呢？還有你都是抱著甚麼樣的心情去的？是像朱老

師小時候疑神疑鬼的？還是當它是一場郊遊？或是與親族團聚的機會呢？我曾問過學生，還好，大部分的小朋友都是以非常開朗的態度，面對這一年一度的聚首，不管是與久未見面的親戚，或是和已然往生的先祖們相聚，都是如此愉悅。

雖然在地狹人稠的臺灣，現在多半已不再土葬了，但總有安放骨灰的靈骨塔好去，不見得真要打掃甚麼，可能只是去上上香，燒些紙錢，撫慰一下自己思念的心靈罷了。朱老師真的覺得，其實當我們在祭拜時，對生者心靈的安頓是大過一切的，彷彿透過這些儀式，我們活著的人還能為往生者再盡一份心力，此外也可以經由親族之間的聚首，讓我們在彼此聊天中，更瞭解先人的生平，更清楚家族的沿革，藉著這一年又一年的緬懷，讓整個親族的凝聚力更強。

大概所有清明掃墓的儀式都是正向、具有建設性的，唯一可以提出來檢討的就是燒金紙這件事，有人覺得一年一次又沒燒多少，問題有那麼嚴重嗎？可是我們別忘了積沙成塔的威力。朱老師記得，大概是三、四年前的清明節，人造衛星曾空拍到凡有中國人聚集的地方，包括臺灣、中國大陸及東南亞一些零星的地區，整個像是失火般在冒著煙，那光景真的是嚇壞人了。尤其在大家都擔心地球暖化問題會繼續惡化的情況下，我們真的該深思，這樣的習俗是不是有改善的空間？

朱老師覺得，金紙不是不能燒，而是真的要燒那麼多嗎？有人說燒越多自己的財運就越旺，這樣貪婪的心態，神明、祖先會喜歡嗎？朱老師認識一位專門研究金紙的老師就說過：「金紙燒多不如燒對，而且心誠最重要。」他還說，現在的金紙都是用化學質材做成的，經過燃燒是會釋放毒物的，所以大量的焚燒，不會讓人更旺，只會讓自己生病。

關於這一點，你有甚麼想法呢？今天在分享自己掃墓經驗的同時，也別忘了在文章最後，可以談一談你對清明掃墓習俗的看法，以及站在環保立場，對燒金紙這件事有甚麼主張，或者你也可以想出甚麼好方法，取代原本既不環保又不健康「燒金紙」的祭拜方式，比如既然已經來到二十一世紀了，那麼我們是不是可以跟得上時代潮流，以支票或信用卡的方式代替燒金紙，薄薄的一張支票、小小的一片信用卡，取代厚厚一疊又一疊的金紙，這不是環保又衛生多了。怎麼樣，你覺得朱老師的想法如何？如果你有其他特別的想法，也歡迎你寫出來和大家一起分享唷！

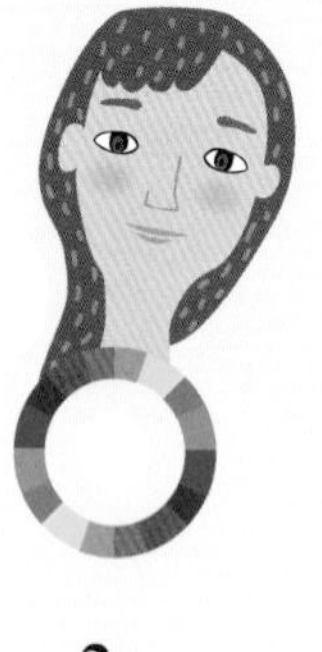

3. 挑食大王

在生活裡，中國人一向把「吃」看得最重要，畢竟人吃飽了才能活下去、才有力氣做事情，也難怪見面時的問候語會是：「吃飽了嗎？」閩南語還有一句諺語：「吃飯皇帝大！」就是這個道理。

不過隨著時代進步、物質生活條件愈來愈好，「吃」已不再只是填飽肚子而已了，還會講究食物的美味、烹調的技術，當文明再到達一個程度時，人們又會開始講求健康與環保，也就是盡量攝取無毒、有機的食物，而且最好能採用就近的食材，避免因為運送這些物資而增加碳的排放，這對自己的健康是好的，對地球環境保護也是正面的。

朱老師就是一個把「吃」看得很重的人，一日三餐我都不願意馬虎應付過去，我所謂看重並不是指要吃甚麼山珍海味，而是每一餐我都會以非常虔誠的心情去享用它，即便是一碗泡麵、一個飯糰、一客自助餐，我都會選擇自己最想要的口味、最想點的菜色，然後以最愉悅的心情，一口一口的將它品嚐乾淨，一點也不浪費。

而通常我的胃口都很好，很少會為了找不到吃而煩惱，甚至常常會因為可以選擇的美食太多而不知道如何取捨，所以我一直以為自己是個不挑食的人。但真是如此嗎？我仔細想想後，還真有些我碰都不敢碰、吃都不肯吃的東西呢！比如淡水魚就是如此。

我所以不肯吃淡水魚，是因為從小就養魚，那時能養的都是自己抓來的大肚魚、三斑魚，咪咪小的可憐，每當我陪媽媽上菜市場，看到魚販水盆裡的鯉魚或鯽魚時，都會忍不住蹲在旁邊看再久也不厭，有時瞅著魚販沒注意，我會伸手去摸摸牠們，那閃閃發亮的鱗片總會令我痴迷不已，唯一能打斷我的就是殺魚的時刻，我會惶惶然躲得遠遠的，我一直不明白人們怎麼捨得殺死這麼美麗的生命，所以就算烹調技術再怎麼高超，我是絕不肯吃活魚的。

另一樣我碰都不敢碰的東西就是牡蠣，打從我有記憶開始，姊姊就警告我別吃牡蠣，因為那圓鼓鼓的肚子裡全是大便，這招當然奏效，不解我們為甚麼拒絕這營養美食的母親，曾利誘鼓勵我們吃一隻便給我們一毛錢，結果我和姊姊搶著挑那最小的牡蠣，用直接吞嚥的方式賺取獎金。

後來長大了到士林夜市，發現世間居然有「蚵仔煎」這道美食，不敢吃牡蠣的我們，只好央求老闆別放牡蠣，老闆皺著眉思索了半天說：「那就給你多加顆蛋吧！」喜歡吃蛋的我自是歡喜非常，從此每到士林夜市我一定會到同一個攤子報到，點一份「不要蚵仔的蚵仔煎」。看來和我有相同怪癖的人不少，因為後來市面上居然出現了「蛋煎」這樣的東西，這和當初那位老闆為我特製的美食一模一樣，如此說來，我說不定還是「蛋煎」的創始人呢！哈哈！

另外我也很討厭吃三色豆，玉米我很愛吃，豌豆也能接受，但我就是很痛恨它們一起出現在各種食品裡，焗烤也加、義大利麵也加，連炒飯也加，這簡直快把我搞瘋了，有時就算叮囑了還是沒用，我只好守在廚師旁邊，看他習慣性動作要撒這三色豆時，立刻嚇阻，

這是最有效的方法，但也常因此把廚師老闆嚇到心臟病都快發作了。

冬瓜也是朱老師的拒絕往來戶，這是因為我小時候最愛吃Q韌滑潤的海參，但這高貴的食材不是平常日子能吃得到的。有一次參加一個叔叔的喜宴，左盼右盼終於給我等到了海參上桌，我趕緊挾了一條燒得褐黑發亮的海參入口，哪曉得它竟然是稀爛的煨冬瓜，當場想吐卻不行，只好囫圇把它吞了。從此我再也不碰冬瓜了，因為在我眼底，它是個騙人的假貨。

你呢？是不是也和朱老師一樣，在吃食方面有著種種的怪癖？我曾稍作統計過，小朋友最不喜歡吃的食物有：青椒、芹菜、苦瓜、大蒜、青蔥、肥豬肉，另外一些食材則是愛的人很愛、厭惡的人是看了都覺得噁心，比如：香菇、榴槤、茄子、胡蘿蔔、生魚片等，你有沒

有發現，所有這些具「爭議」性的食物都有一個相同之處，就是它們的氣味比較濃烈，而孩子們的感官是特別敏銳的，所以這些食物不被接受是很可以理解的。

今天你可以針對自己不愛吃的食物做個介紹，是它的氣味還是口感令你作嘔？或者有些食物的外形一看就令人倒足了胃口？還是像朱老師不吃淡水魚和牡蠣是另有奇特的原因，這些你都可以把它細膩的描繪出來。也有可能是因為在某段時間裡同一種食物吃太多了，而因此倒胃再也不肯碰了，像我的女兒就因為在幼稚園時喝了太多綠豆湯、紅豆湯，以至於長大後打死都不再碰這兩種豆類食品了。我還記得那時候去接她，常看到她在一顆一顆數著豆子吃，有時我會趁老師沒注意，一口就幫她吞進肚子裡，不然，等她吃完天都黑了。

而當你拒絕某種食物時，大人的反應又是如何呢？會好言相勸？還是硬逼著要你吃下肚？或像朱老師的媽媽用獎賞的方式呢？我的女兒幼兒時期也是不肯吃氣味較濃郁的青蔥、香菜，每次在麵店餵她吃餛飩湯時，我都會先餵她愛吃的餛飩，然後告訴她：「魚兒餛飩在你的肚子裡餓餓，想吃綠色的水草草。」這時她就會乖乖的把湯裡的青菜、香菜、蔥給吞下肚。不過到她升上小學就沒那麼好騙了，我就曾為一杯親手搾的香蕉牛奶，繞著餐桌追著她跑，恨不得把她壓在桌上、把香蕉牛奶灌進她嘴巴裡。

唉！有時大人不明白小孩子為什麼這個不吃、那個不吃的好討厭，小孩也無法理解大人在堅持甚麼，當親子間為挑食問題頭痛的時候，作父母的或許可以處之泰然些，有很多食物小時候絕不肯碰的，長大了卻愛得要死，像朱老師小時候最討厭吃的番茄、茄子、馬鈴薯，長大後卻變得愛極了，這是因為感官真的和年紀有關呀！不過小朋友也別把這當作藉口，如果你只是其中一兩樣不吃那還好，若全部的青菜、水果都不愛吃，各式各樣的肉都不想碰，那真的就偏食得太厲害嘍，這會影響成長發育的。而這段忠告也可以做為文章結語的參考唷！

4. 雨

臺灣的梅雨季節常是令人又愛又恨的，每天不停的落雨，到處濕漉漉的，不僅東西變得很容易發霉，連人的頭頂都快長出香菇來了。但如果不下雨，那春天種下去的稻子，會因為沒有水灌溉而無法收成，那是很困擾的事呀！

朱老師小時候最怕的就是期盼了一年的新春假期碰到陰雨綿綿，那真的會讓人懊喪到了極點，因為穿了新衣、新鞋卻不能出去玩，連鞭炮也不能放，全世界最悲哀的事，莫過於此了。有時戶外教學碰到下雨，不是取消，就是變得十分的無趣，而平日好不容易等到的體育課，也常因為下雨，只能呆坐在教室裡，這些都會讓人心情壞透了。

所以多半時候，雨是不太受到小孩歡迎的。但如果真的都不下雨了，又是很要命的事。當水庫蓄水不足時，就要採取限水措施，到時候不僅游泳池不能開放，連家庭用水都成問題，我只要想到馬桶無水可沖，頭皮就會發麻，所以即便不歡迎雨的來到，也不能祈求上天不下雨，如果真的鬧旱災了，才想人工造雨或跳祈雨舞也不見得有效呀！

每當下雨不能出去玩的時候，你都在做甚麼呢？與其心浮氣躁、怨天尤人的，不如靜下心觀察一下室外，街景會因為下雨而有甚麼特別之處嗎？比如說，突然出現了許多彩色的花朵，咦！這些花還會移動呢！你猜到了嗎？這些會動的花是一朵朵的傘花呀！還有，你是否發現了，一排排的路樹經過雨水的沖刷，好似洗了個澡似的，全變得又乾淨又精神抖擻；還有，所有的汽車彷彿也做了一次免費的spa

呢！還有那雨滴一顆顆從屋簷落下來，是不是也很像晶瑩剔透的鑽石，恨不得能夠用手接著，捧著它送給媽媽。

若眼睛看累了，還可以閉上眼，仔細的聆聽，或許會聽到雨滴正為你演奏著一首節奏分明的樂章，而這時，你會發現自己的想像力也慢慢的冒出頭來了。如果這時窗外飄落的是綿綿細雨，那麼你會不會覺得那一絲絲的雨好像一根根的繡花針，當它們飄落在頭髮上、衣服上，又好似為我們罩上了一層晶瑩的網；如果屋外下的是傾盆大雨，你會不會懷疑是老天爺剛泡完澡，把那一整盆的洗澡水都傾倒了下來；當那雨水夾雜著雷電的時候，是否又讓你同情起雲寶寶，它們一定是被雷公的怒吼嚇到哇哇哭了起來。總之，從天而降的雨水，總能提供我們無限的想像空間。

而雨過天青太陽出來，空氣中又飽含著水氣的時候，常常會出現彩虹，那七彩的拱橋懸掛在天際，也總會讓人心生嚮往，彷彿順著它便可直達天庭，可以去探訪一下仙人的家園，日本人相信狐仙便住在彩虹橋下，真是如此嗎？有一回朱老師開車行經北二高關西路段，突然看見了被夕陽映照得金亮的關西山城，出現了雙道彩虹，我急忙將車子駛出高速公路，想去探訪那彩虹橋下的狐狸家族，雖然最終我並沒找到狐仙，但卻因此結識了這片好山好水之境，在那之後，我和動物同伴的家園便建立在此，而這雙道彩虹橋真的為我搭起了通往天堂的路。

有時雨又像一個愛惡作劇的小孩，常出其不意的出現，當我們玩得正開心的時候，他便出來搗蛋，有一次朱老師帶女兒去海邊玩，本來萬里無雲的天空，轉瞬間竟下起了傾盆大

雨，我們忙不迭的往回跑，當時正在興建海邊堤防，擋在我們前面的是一堆黃泥坡，在大雨中我們爬上去又滑下來，好不容易才攀過堤防，雨卻突然停歇，而這時我們卻已沾染了一身泥漿。

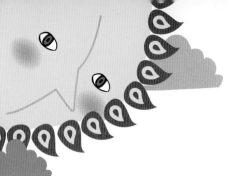

另外一次則是在夜市，當我們逛到離停車最遠的攤位時，也一樣下起了暴雨，我們急忙回頭想找避雨的地方，卻沒想到所有的攤販竟在一瞬間全收得無影無蹤，頓時整條大馬路空蕩蕩的一個人影也沒有，我只得把女兒罩在大裙子底下，急速奔回停車場，哪知道一進入車裡，雨即刻就停了，我完全有被戲耍了的感覺，雨有時真是調皮搗蛋呀！

夏天的雨總是來得又急又烈，常常讓人逃躲都來不及，前面所說的兩個例子，就都發生在夏天，那像彈珠大小的雨滴打在人身上是會痛的，而且轉瞬間便把人淋成個落湯雞，但它停得也很突然，會讓人覺得天上好像有個開關般，說開就開、說停就停。

而秋天的雨，比較像宅男或害羞的女孩，不輕易出門，所以在秋高氣爽的季節，是不太容易看到它的蹤跡的。至於冬天的雨，則纏綿悱惻的令人情緒低落，天冷本來就令人活動力降低，若再加上沒完沒了冰冷的雨，那真的會讓人耽溺在憂鬱的氛圍中無法自拔，每當這種時候，我就希望天氣乾脆再繼續冷下去吧，真的冷到底了，或許就會飄起雪花，那會讓生長在南國的我們開心死了。

說到春雨，似乎就受歡迎多了，在山上一場春雨過後，小花小草馬上就冒出了頭，樹枝上也滿是新綠的嫩葉，這時的春雨就好像白蘭氏雞精，能讓植物們快高長大。而春雨也像冬

粉，作家三毛就曾唬過她西班牙的丈夫，說那冬粉是臺灣高山上每年下的第一場春雨，讓冷空氣給凍結了，原住民朋友們把它們採擷了，背下山來賣，這說法倒是有些根據，因為中國人就把冬粉喚作是春雨呀！三毛會用這春雨做各種料理給她的丈夫荷西吃，煮湯、包韭菜盒、炒螞蟻上樹，荷西都愛得不得了，所以每隔一陣他就會說：「雨！雨！雨！」哀求三毛做雨料理給他吃。

今天我們便以「雨」為題材，描寫它千變萬化的身姿，可從春夏秋冬切入描繪它不同的風貌，也可以以「雨中即景」為題，書寫一篇你在下雨街道中所觀察到的種種有意思的事，當然更可以發揮你的想像力，為這由天而降的雨家族增添一些既有趣又神秘的色彩，當然也別忘了那雨後常會出現的彩虹，即便它轉瞬即逝，但一樣可以為這場和雨的邂逅畫下完美的句點喔！

5.暑假的美好時光

隨著白晝越來越長，黑夜越來越短，我們便知道夏意已濃，期待已久的暑假也近了。今年的暑假你已計畫好要做些甚麼了嗎？會參加一些甚麼樣的活動呢？或者已計畫好要去哪裡旅遊了嗎？還是像朱老師小時候一樣，寒暑假多半是在外婆家度過的，對像我這樣一個平日生活在城市的小孩，能在鄉下田野間居住一段時間，是很美好的事，尤其外婆家還有表弟、表妹許多的玩伴，更是令人期待。

朱老師的外婆家住在苗栗銅鑼，那是一個小小的山城，縱貫線的火車從這個小鎮直穿而過，而我外婆家就坐落在鐵道旁。住在那兒的期間，每天清晨都是在急駛而過的火車聲中蘇醒，當陽光穿透屋外巨大的樟樹，斑斕的照進

日式臥房榻榻米上，我們這幾隻小豬豬才緩緩的爬起來，迎接開心的每一天，有時連陽光都叫不醒我們時，外公就會打開他那電晶體的收音機，含蓄的催促我們該起床嘍。

早晨吃完飯，我不是隨著做飯的阿姨到溪邊洗衣服，就是跟在阿太的屁股後面去菜市場買菜。若是去溪邊遇著阿姨心情好時，她會分個小手絹讓我站在溪裡面搓洗，那會讓我有變身大人的感覺；如果是去市場，最疼我的阿太則會買水粄給我吃，等她買好菜，還會再買一串醃了甘草水的小芭樂給我一路啃回去，但一定要在到家前吃完唷，因為醫生外公是不准我們吃零嘴的。

在銅鑼鎮上，就只有外公一位醫生，連小鎮外偏遠的山區，都有很多的鄉民來看病。每當聽到有病患要打針時，我們便會隔著藥局，

蹲在布幔下，偷偷看病人趴在診療床前給挨一針，也許是仰角的關係吧，當時年幼的我們只覺得大人的屁股可真是大呀！有時外公還會出診，騎著他的摩托車嘟嘟嘟的去給人看病，這是我們小鬼最開心的時候了，他前腳一走，我和表弟、表妹們即刻就跳進荷花池裡，在只有膝蓋深的池水裡抓錦鯉玩，有時還會把彼此的拖鞋藏在池子裡的某個角落，比賽著看誰先找到，一直聽到外公的摩托車回來，才慌慌張張的趕緊跳上岸來。

外公家有一口井，有時我們玩到滿身大汗時，就會來到井邊輪流壓水，其他人就直接站在出水口下，任那冰涼冰涼的井水，從頭頂直灌而下，那真是透心涼呀！若這樣還不過癮，那麼我們會跨越火車鐵軌，到西邊河壩去玩水，整個身子浸泡在溪水裡，讓所有的暑氣都一掃而空。

外公家的院子很大，每個角落都栓著一隻狗狗，這些狗狗也成了我們的白老鼠，每次扮家家酒時，牠們必須吃我們做的一些奇奇怪怪的東西；當我們學外公當醫生時，牠們又必須變身為病人，被我們用小竹子做的溫度計量腋溫，又用筍尖做的針筒注射，所以每當看到我們挨近時，牠們都只能四腳朝天搖尾乞憐。

不過在院子裡遊走的火雞就沒那麼好惹了，外婆家人口眾多，炒菜做飯都是大鍋伺候，那大鍋烹煮出來的飯不僅特別香，鍋底還會有一層鍋巴，那微焦的米飯是我的最愛，但外公卻說不好消化，不准我們吃，只能拿來餵雞，我只好等大家都吃飽了，阿姨要拌雞食時，搶先奪下幾塊解解饞。有一次，同樣在一旁守候的火雞約莫已隱忍許久了，於是氣惱的飛撲到我的頭頂，險些把我的頭皮掀掉，從此看到那長得像外星人的火雞，我只有落荒而逃

了。

你呢？也有一個像朱老師那麼有趣的外婆家或奶奶家嗎？他們也許正好相反，住在城市裡，因此成為住在郊區鄉下的你暑假中最想回去的地方。像我的女兒就是如此，每年寒暑假，一定要回臺北婆婆家住上好長一段時間，婆婆會煮好吃好喝的寵溺她，阿姨會帶她出去逛大街、吃大餐，表姐則會和她一起去看電影。臺北對她而言，就像個快樂天堂般，不到開學，絕對捨不得離開。

如果你很幸運的在暑假中，也有一個快樂的奶奶家或婆婆家可以回去，那麼今天就可以以此為題，好好描述一下那一段美好時光。如果平時你們就是和爺爺奶奶、外公外婆住在一起，那麼你也可以寫寫今年暑假已經安排了些甚麼活動、甚麼課程，比如某個夏令營、某個成長營，或者已經報名了游泳班、籃球隊、棒球營……，如果這些都是你自己的選擇、喜歡的營隊，那麼這個暑假便充滿了希望。

即便你只是參加安親班，但我相信安親班一定也會安排許多的戶外活動，讓你的暑假充滿了各種可能、各種樂趣。

像朱老師有幾個學生，暑假中報名參加了棒球營，不只練得身強體壯，還因此愛上了棒球，學得了一身好球技，又帶回了許多明星球員的簽名球，真可說是收穫滿滿。有的則參加了記者營，藉由專業人士的指導，以及實地到電臺、報社參觀，明白了整個新聞採訪、報導的流程，因此立定志向，將來要成為一個出色的媒體工作者呢！

當然，也有許多人想趁著暑假，全家一

起出遊，有許多小朋友看著別人出國，便也想跟進，但也要考慮一下家裡的經濟狀況唷！其實就算不出國，在臺灣也有太多值得一遊的地方。臺灣是個好山好水之境，各式各樣的景觀都有，玩法也可因人而異，喜歡騎自行車、時間體力又足夠的，就可以以騎車的方式來趟環島之旅；熱愛大自然的就可以以露營的方式全臺走透透；喜歡親近水的，那高山的溪流、環島的海域，都可以是戲水之處；至於對文化感興趣的人，全島由北到南也有太多的古蹟文物等著你去探訪呢！而臺灣地形的繁複也很適合自然生態觀察。總之，不一定要出國才能滿足我們旅遊的需求，重要的是，之前要做好功課，先對你要造訪的地方做一番瞭解，透過網路、透過閱讀，都可以先做足功課，這樣的旅程才會有深度。

暑假的時間很長，有整整兩個月，你可

以胡裡胡塗的就虛度了，但也可以讓它過得很充實、很愉快，別等到假期結束，才在那兒怨嘆甚麼事都沒做。所以，就讓我們在暑假來臨前，先做一番規畫，也可以好好和父母商量，讓他們明白你對這長假的期盼，只要時間、經濟許可，我相信父母也會支持你的計畫，就讓我們充滿希望，好好迎接這美好暑假的到來吧！

6. 鬼門開

八月份除了有我們所熟悉的父親節，還將進入農曆七月，也就是大家口中所謂的鬼月，有很多人一聽到「鬼月」這兩個字，便嚇得甚麼事都不敢做，深怕好兄弟會來找麻煩，所以在這個月裡，很少人會嫁娶、買車、買房、搬遷，但好兄弟真有那麼恐怖嗎？

朱老師有幾位朋友，他們的視野能穿越另一個空間，看到我們所謂的「阿飄」。據他們所言，阿飄們是很弱勢的，他們耳不聽、目不明，飄飄盪盪、居無定所，有點類似遊民的光景，他們連自己都有些搞不定了，是斷無能力來搔擾我們的，我們真的不必疑神疑鬼自己嚇自己，尤其小孩陽氣旺，阿飄躲都來不及了，哪敢和你們強碰？所以全天下最不該怕阿飄的

就是小孩了。

那又為什麼要有這樣一個鬼月呢？我覺得這正可看出中國人的濃厚人情味。平時我們看到弱勢族群，都會想伸出援手幫助他們，而這些四處飄泊的孤魂野鬼，不也該選個日子好好撫慰他們一番？而且老實說，當我們在鬼門開、鬼門關或中元節準備拜拜的物品時，甚麼時候想過阿飄愛吃甚麼，不都是選我們自己想吃的零嘴、飲品？而最後這些食物果真也都進入我們的肚子裡去了。所以依我看，「鬼月」不僅可以改成「慈悲月」，還可以說是孩子的「同樂月」呢！

既然我們可以抱著歡喜的心情度過這特別的月份，那麼我們也可以想一想在吃喝之餘，還能做些甚麼？或者我們今天就以「鬼」為題材，來寫一些有趣的文章。你發現了嗎？其

實不必等農曆七月鬼門開，平時我們身邊就充斥著各式各樣的「鬼」，比如說膽小鬼、倒楣鬼、頑皮鬼、好哭鬼、好吃鬼、討厭鬼……，你不覺得嗎？自己的妹妹就是個膽小鬼，做甚麼事都要你陪著，尤其到了晚上，更是黏人黏得像強力膠似的，甩都甩不掉，上廁所要人陪，洗澡、睡覺也要人陪，如果不依她，當場就變成個好哭鬼，哭到你投降為止。

朱老師一位朋友的小孩就超級愛哭，他每天午覺醒來就抽抽咽咽在那哭個沒完沒了，家人已經習慣了也不搭理他，有時哭到天黑吃晚飯了，我去問他：「要不要吃飯？」那可不得了了，頓時哭聲大作，又開始另一回合纏綿悱惻的哭泣。不過，我仔細觀察過，他是乾哭，一點眼淚都沒流，最嚴重的一次，竟然乾嚎了整整三小時，真是有夠厲害。

家中比較年長的哥哥、姊姊有時則是兇得可怕，進他們房間沒先知會一聲，那簡直是犯了滔天大罪，不把你罵個臭頭是不會甘休的，每當你問他們甚麼問題，他們的回答總是以「笨蛋」或「白痴」開頭，這些詞語已成了他們的口頭禪，有時候不小心碰一下他們的東西，那更不得了了，就等著再來一頓臭罵。如果想爭取電視、電腦的使用權，對不起，等下輩子再說吧！這些大哥、大姊一旦進入青春期，簡直像是吃了火藥，隨時會爆炸，這不是兇鬼、厲鬼嗎？

而那只要一出現，就會把你們家鬧得天翻地覆的表弟或堂弟，不是頑皮鬼是甚麼？如果他是你的親弟弟，還可以威迫利誘的讓他聽話，偏偏他有個姑姑、嬸嬸、阿姨這保護傘，連媽媽都不敢管了，你更別想動他一根汗毛，只能眼睜睜的看著他無法無天，把家裡鬧得個

雞飛狗跳也無可奈何，他這已不只是頑皮鬼了，還是個搗蛋鬼、討厭鬼。

至於在學校，不也常有一些「小鬼」圍繞在你身邊？比如當你正想好好享用一些零嘴時，總會冒出一個好吃鬼涎著臉說：「喂！請一個，別那麼小器嘛！」當老師發糖果或同樂會時，他也總是快速的把自己那一份先吃完，接著又沿街托缽的伸手跟每個人要起東西來，過份的甚至沒經過你同意就吃將起來，恨得你真是牙癢癢。

還有抽屜亂得跟垃圾堆差不多的邋遢鬼，如果仔細翻揀，說不定還會在那堆「垃圾」中找到已經發霉發臭擱了好多天沒吃完的早餐。而他胸口、袖口永遠是汙漬斑斑，還喜歡把所有的東西都往嘴裡放，嚴重的甚至連鼻屎也放進去了，咳嗽、打噴嚏不知掩口，擤鼻

涕不用衛生紙……，總之呀！衛生習慣差得不得了，你又好倒楣得坐在他旁邊，怎麼辦呢？只有祈禱他能慢慢改善嘍！

也有一些凡事愛計較的討厭鬼，他總覺得老師不公平，自己永遠是那被虧待的人，和同學相處也是糾紛特多，又愛告狀，玩遊戲時被鬼抓了還要賴皮，又老要炫耀自己是多麼的厲害，他的爸爸又多麼的偉大，他的家又多麼的有錢，弄到最後大家都不想理他了，又要老媽來學校主持公道。哇！老師還真碰過這樣的學生，只是他一直不知道自己是可以改善的，即便我努力告訴他，可是他和他的父母似乎永遠都認為是別人的錯啊！

此外，眼睛長在頭頂的自大鬼、掃地時總在混的懶惰鬼、老愛在你耳邊說東說西的嘮叨鬼、動不動就從牆角跳出來嚇你的搗蛋鬼、一

不小心碰到他就翻臉的拐孤鬼、看到甚麼都想要的貪心鬼、和他再好也不會請你、借你東西的吝嗇鬼……，似乎每個班級裡都不可免的會有這些基本咖，長時間和這些「鬼」相處，你會不會覺得自己也變成了一個倒楣鬼？

既然稱之為「鬼」，就不可能是正面的評價，今天，我們可以以周遭的人物為書寫題材，挑選二到三位，針對他們的特色，冠以不同的名號，如「調皮鬼」、「貪心鬼」、「小器鬼」等等，以幽默的筆法，深入描述他們惹人厭煩的癖好、行為，因為我們以詼諧的手法呈現時，就比較不會流於尖酸苛薄，不然等你寫完這篇文章時，便成了人人追打的「討厭鬼」了。

這篇文章要如何提筆呢？或許可以這麼開始：「農曆七月鬼門開即將來臨，其實不必

等到七月，平時我們身邊便充滿了各式各樣的『鬼』，像我的哥哥就是……」，當然你有其他的破題方式那更好，就放手去寫吧！

7. 特別的老師

從小到大，我們在求學過程中，總會遇到一些令人念念不忘的老師，因為他們別具風格，很有自己的特色，因此即便他們早已不再教我們了，但他們的身影、他們教導我們的方法，卻已深深烙印在我們的腦海，永遠都忘不了。

像我小學三、四年級的導師，就是一位令我難忘，且時刻感念在心的老師。因為我開竅得晚，小學低年級是在渾渾噩噩中度過的，回家功課總擺在玩樂之後，對考試也全無概念，成績好壞似乎與我無關，父母不會苛責，我也不懂得要求自己。模糊的記憶中，那時的導師有些兇，或許是因為自己表現不佳，不討喜的緣故，這也怪不得老師，因為我也不喜歡那時

候的自己。

升上三年級後，遇到一位精神奕奕的老師，她帶著些微的四川口音，說起話來總是乾淨俐落，在那個打罵教育的年代，她卻總以鼓勵代替責備，記得一次全班朗誦課文時，她特別點我起來示範「花兒」、「草兒」的唸法，當時那份榮譽感，讓我頭頂上好似突然多了頂皇冠似的。另一次，則是她問我們誰會寫基隆的「隆」字，當時沒有人舉手，於是她鼓勵我上臺試試看，我勉強寫了出來，卻把「生」字上頭那一橫給漏掉了，她笑著說：「寫得很好！如果再加一橫就更好了！」我永遠記得她那誇讚的眼神，她讓我覺得自己是值得被肯定的，因為這位老師的緣故，從那時候起，我便懂得要自愛自重。

後來升上六年級，換了一位特兇的老

師，她的兇在於不苟言笑，上課時永遠板著一張臉，而她的處罰方式也特別得不得了，那就是每天升旗典禮後，她會勻出十分鐘的時間，讓大家舉發彼此的劣行，再由她決定罰責輕重，她從不親手體罰學生，而是由我們賞自己耳光，十下、二十下……，端看所犯的錯誤有多重來量刑，如果自己打得太輕，她會冷冷的要你重新再打一次。這樣的處罰方式，我覺得比被老師直接責罰還要傷自尊，而且彼此舉發告狀，也很傷害同儕之間的情誼，所以每天晨間那十分鐘，成了大家夢魘時刻，雖然我並不曾受過這樣的懲罰，但依然在我的童年留下了一抹難以祛除的陰影。

幸好，她只帶了我們一學期就因為某些原因不再教我們了，來代課的老師是一位年輕又漂亮剛畢業的大學生，大家開心得不得了，相較於之前特兇的老師，她簡直是對我們太好了，每天都好像在歡渡假期，不過只有一位男同學不樂意，因為他是這位新老師的弟弟，每次這位老師要處罰人的時候，總會先拿他開刀，兩次、三次後，這做弟弟的再也受不了了，直接在課堂上就嗆起聲來，老師姊姊為保持顏面，只好對吼回去。大家看著他們姊弟兩人在課堂上大聲小聲的，都覺得有趣極了，最後做弟弟的吼不過姊姊，只好以一句話收尾，那就是：「我要告媽媽說！」這句話一脫口，惹得全班哄堂大笑。

升上國中後，我也遇過一位非常有意思的數學老師，她的脾氣有些暴躁，每當想不出數學習題的解答時，她便會一邊咬牙切齒的、一邊狠抓著她那一頭鬈髮。有一次她在課堂上解釋「三角形兩邊之和大於第三邊」這定律的時候，她唯恐我們不瞭解，便走到教室門口指著對角線放掃把、畚箕的角落說：「我要走到那兒，是沿著牆邊直線走比較近，還是直接走這對角線比較快呢？」說著便實際行動起來，她貼著牆走還不是難事，但當她要走對角線時，就必須貫穿整個教室，於是就看到她一路趕開人，再跨過這些人的椅子，排除萬難的到達對角的另一端。她這親身示範，讓我們對這數學定律絲毫不敢心生懷疑。

我在讀臺北工專的時候，也碰過不少奇特的老師，其中一位最是精典，每次上他的課胃都會糾結成一團，因為他有些喜怒無常，前一刻還好好的，下一刻馬上翻臉。有一次他正在黑板上書寫，有一位同學不小心掉落了一枚錢幣，他立刻翻過身來破口大罵：「誰？是誰？你們家有錢是不是？」有時上課上到一半，他會從公事包中掏出一個陶瓷酒瓶，咕嚕咕嚕灌個兩口，接著又繼續上課。我們常常在猜測那酒瓶裡裝的是水還是酒，因為他的臉紅通通的，也不知道是酒精作祟，還是處在火山爆發邊緣的憤怒狀態。有一次，他鄭重的告訴我們：「你們不要怕我。瘋狗人人都怕，沒甚麼了不起，所以你們不可以怕我！」當場我們全都趕緊點頭，嚇得不敢不答應他，千萬不要怕他。

雖然在我十幾年的學生生涯中，遇過不少行徑有些怪異的老師，但整體來說，春風化雨的老師還是占多數，這也讓我感念不已。我的女兒在國小時也很幸運的遇著一位很好的老師，她說話時總是輕聲細語，即便是放學時刻，大家都吵成一團時，也從不見她疾言厲色喝斥過誰，她總是面帶微笑的站在隊伍前，等學生們自己靜下來，才開始叮囑一些回家要注意的事項。平時她的獎勵方式也很特別，只要誰表現好，她便會在那個孩子的臉頰上親一下，而親之前，孩子們都會要求她先擦口紅，每當我女兒帶著那代表榮譽的唇印回來，洗澡時絕不許我把它抹掉，因為她要帶著它入睡呢！

這位女老師也不怕麻煩，戶外教學的地點，總由學生決定，首先她會讓每個人自選一個地點，並做研究和規劃，然後在課堂上報告自己的旅遊計畫，最後才投票表決要去哪兒旅行。上到關於「雲」的課時，她會帶全班同學躺在校園草地上，觀察雲的變化；上到「海」的課程時，則會聯絡有空的家長，帶學生直接殺到海邊，玩上一整天。你是不是很羨慕我的女兒呢？如果你也遇到這樣的老師，相信你的童年會很不一樣。

今天我們可以好好回顧一下自己的求學生涯，想想看，所有教過我們的老師中，有哪些是令我們念念不忘的，他可能是國小的老師，也可能是幼稚園、才藝班的老師，或者游泳、直排輪、籃球教練都可以。只要他曾教過你，都是可以書寫的對象。最主要的是，你要把他的特色給描述出來，也許是他的個性很特殊，也可能是他的教學方法很不一樣，或者是他獎勵懲處的方式大不相同，總之你可以把這些特別之處都描繪出來，並且盡情寫出自己的看法與感受就可以了。為了能深入描述，所以不要貪多，只要選擇一兩位老師細細的描述就可以了。在教師節前夕，這也算是一種向老師致意的方式唷！

8. 月

在民國一〇一年的八月二十五日，美國太空人阿姆斯壯病逝了，你可知道他是誰嗎？他就是在一九六九年七月二十日第一個登上月球的人，當時透過電視轉播，我們都看到了他漫步在月球上的身影，也記下了他踏上月球第一步時所說的話語：「個人的一小步，人類的一大步。」那畫面似乎象徵著人類的科技文明到達了一個地步，彷彿在登月之後，人們即可任意在宇宙中遨遊，到處去探險了。但真是如此嗎？從那之後雖又曾送過幾位太空人上月球，但也就止於這樣了，事隔半世紀，截至目前為止，除了月球，人類還無法親臨另一個星球。

不過，在朱老師小時候，阿姆斯壯始終是被當作英雄看待的，那時男孩子在寫「我的志

願」這樣的作文時，除了保家衛國的警察、軍人，太空人也成了新的選項，大家都好希望能坐上火箭一飛沖天的到外太空，去看看地球到底是長甚麼模樣？在宇宙中航行時，會不會遇到外星人？還有那月球上真的住著嫦娥嗎？吳剛伐桂、玉兔搗藥也都是真的嗎？雖然從阿姆斯壯登月的畫面看來，月球好似死寂一片，沒有任何生物存在，但怎麼知道嫦娥、玉兔、吳剛不是躲在月球的另一面呢？當然這是朱老師小時候天馬行空的想法，所以美國人登陸月球這件事，對中國人來說，真有些殺風景。

月亮這最接近地球的星體，因著陰晴圓缺、變幻莫測，總會帶給人們無限的遐思，從古到今詠嘆月亮的詩辭歌謠多到數不清，李白的「夜思」，蘇東坡的「水調歌頭」都是雋永的詠月詩辭，人們思鄉、思親時要詠月，談戀愛時一樣要對月長嘆。就像每次中秋月圓時，

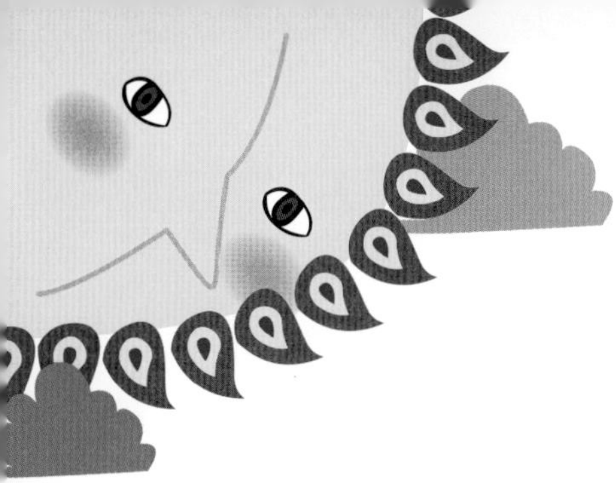

大家總愛唱的「月亮代表我的心」，月亮似乎成了人們抒發相思之情最好的對象了，不過戀人如果鬧分手，那是不是就該在農曆初一時唱這首歌呢？

而對孩子來說，月亮又提供了無限想像空間，除了原有的一些傳奇故事，還有到現在都還會拿來嚇小孩的一種說法，就是千萬別指月亮，不然耳朵會被割掉喲！你相信不相信呢？我以為這說法，只是希望小朋友對萬事萬物心存敬意，別一天到晚指東劃西的。

不過朱老師小時候還真被月亮嚇破膽過，那次是因為和同伴們玩到天都黑了，才鳥獸散各自回家吃飯。我一個人走在黑暗中，本就有些毛毛的，又加上我一再抬頭看月亮時，竟然發現月亮亦步亦趨地跟著我，我走它也走、我跑它也跑，這簡直把我嚇壞了，最後落

荒而逃跑回家，發現它還不死心的在窗外盯著我瞧呢！你說朱老師小時候是不是傻透了。

所以，略帶神秘色彩的月亮，有時也會勾起孩子莫名的恐懼呀！像西方關於狼人的傳說，不就和月圓有關？不過這倒嚇不了我，因為我太喜歡狼了，恨不得月圓的時候自己也能化成一匹狼，穿梭奔跑在山野森林裡，那會是多麼暢快的事，因此，我倒希望狼人傳說是真的。

說了這麼多怪力亂神的事，終於要來談談充滿歡喜團圓的中秋節了。我們小時候總喜歡把端午節叫粽子節，把中秋節叫月餅節，不過，現在似乎該換一個稱謂了，那就是烤肉節。臺灣自從經濟起飛，生活越來越富裕以後，烤肉就成了一種老少咸宜的活動，而秋天氣候涼爽，也很適合在室外生盆火烤烤東西，

若還能夠一邊吃月餅、一邊賞月就更好了，這也算是一種圍爐團圓吧！但是，燒烤的東西最好淺嘗即止，畢竟有礙健康，對環境也是一種破壞。

當然中秋節還不能少的就是文旦柚了，小時候吃柚子是件快樂得不得了的事，因為小孩子都會搶柚子帽來戴，你是不是也戴過這有趣的帽子呢？朱老師有一對姊弟學生，每當戴起這柚子帽時，就會玩起槍戰的遊戲，因為他們把這帽子當鋼盔使用了，想想那畫面還挺逗趣的呢。

今天在寫「月」這篇文章時，你可以很詩情畫意的詠讚月的美，古時候的人不就很喜歡以月來形容女子的美，「花容月貌」就是最常使用的形容，大概是月的朦朧及略帶神秘的色彩，會讓人聯想到女子驚鴻一瞥的美。還有以

前的人審美觀和現在也很不一樣唷！當時臉圓代表福氣，以「盈月」、「銀盤」描述女子的容顏，是一種讚美，但現在的女孩最怕的就是被人說成大餅臉，那簡直是一種羞辱。此外，古早時候沒有望遠鏡這種發明，因此月球表面的凹凸不平是察覺不到的，如果今天你還用月亮來形容身邊的女孩，就等著遭白眼吧！

不過以月來形容美好的事物還是可以的，中國人一直認為「圓滿」是人生最高境界，所以許多日常器具用品都會採圓的造型，像餐桌、碗盤等，還有易經中的太極圖也是圓形的，而這也是中秋節之所以受到如此青睞的緣故。在這一天「月圓人團圓」的，一家人聚在一起賞月是多麼美好的事，就算有親人無法返鄉團圓，即便身處異地也要「千里共嬋娟」，這「嬋娟」指的就是月亮呀！如果你曾經擁有過一個很美好的賞月經驗，也可以將它化成文字和大家分享。

或者，你也可以將月擬人化的賦予生命，設想自己是她，你會如何看待在地球上的人類呢？有時我望著月亮會心生惶恐，因為這輪月是蘇東坡、李白賞過的月，也是山頂洞人看過的月，甚至數億年前，恐龍抬頭仰望的也是同一輪月呀！這會讓我覺得自己好渺小。如果以月亮的角度來看人們，她又會有甚麼樣的想法？她會覺得人類很聰明還是很愚笨呢？尤其是近百年來，因為戰爭、工業開發、過度的消費、核子的發展……，讓我們自己身處的環境愈來愈糟，這種幾近自毀的行為，看在月亮的眼底，會做何感想呢？也許今天你可以當她的代言人，為她說說話，換一個角度來看待我們人類自己吧！

當然你也可以盡情發揮想像力的編寫關

於月亮的故事，還可以老故事新編，把「嫦娥奔月」、「吳剛伐桂」、「玉兔搗藥」等故事改編一下，給它一個新的風貌、一個不同的結局，相信當中秋節來臨時，當和親人團聚賞月時，望著那輪皎潔的明月，你一定會文思泉湧的寫出一篇篇佳作的。

9. 我是一棵樹

朱老師小時候雖然在臺北長大，但那時候的臺北內湖卻像鄉下一樣充滿了綠地，在我們村子外緣，就是一片高低起伏的山林，我們常在那兒探險，玩各式各樣的遊戲，那片樹林中的每棵樹我們都認識，也叫得出它們的名字，因為它們是伴著我們長大的，有再不開心的事，只要在樹林裡跑跑跳跳，所有的煩惱都可以拋到九霄雲外。所以直到長大，我已經養成需要樹木陪伴的習慣，只要生活中看不到樹，我就會委屈的想哭。

現在我很幸運的每天都有許多的樹環抱著我，從住家的窗戶往外看，各式各樣的樹盡收眼底，九芎、茄冬、苦楝、杏花、山棕以及恐龍時代就存在的筆筒樹，其中我最愛的是會

散發清香的樟樹，還有那一年四季都會有不同風貌的楓香。每天一醒來，見到這些綠色夥伴在陽光下向我招手，我便會覺得周身充滿了活力，又可以好好打拚一整天了。

樹木帶給人們的好，是說都說不盡的，它讓人們有清新的空氣可以吸納，人們製造的空氣汙染，都是由它們來濾清的；此外，只要有它的存在，就可以孕育許多的生命，因為它是無數生物的家；當它犧牲自己時，還可以為我們製造家具以及許多的用品，最不可或缺的紙張也要靠它生產；至於美化環境、幫助視力，都是樹所扮演的角色。曾經有人調查統計過，同樣的病患，給予同樣的醫療資源，但他們所住的病房有沒有窗，看不看得到室外的綠樹，卻大大的影響了他們痊癒的機會。也就是說，能看到綠樹的病患痊癒的時間要快了許多，所以這也說明了樹族對人類心理有著很正向的影響力。

樹木既然對人類有這麼多的好處，照理人們應該好好保護它們才對呀！但事實卻不是如此，人們為了自己的利益，不斷的開墾山坡地，濫墾濫伐山林，使得樹木越來越少，山洪一來，便造成土石流，這就是大自然的反撲，最後受到傷害的還是人類自己。所以，我們真的要好好反省，千萬要愛護我們的山林，愛護所有的樹木。

今天與其來談如何愛護樹木，不如就讓我們設想自己是一棵樹的話，會希望人們怎麼對待你呢？你可以選擇任何一棵樹種，也許是校園、公園裡的大榕樹，也可以是路邊的行道樹，或屬於國寶級的紅樹林，也就是水筆仔，還可以是海邊的椰子樹，深山裡的千年神木。接著，你便可以以自述的方式，敘說自己的生平，還有與人互動的狀況。

比如說，你可能原本是顆從遙遠國度漂洋過海而來的椰子，聽人家說臺灣是個美麗的寶島，便在此定居下來，卻沒想到在此落地生根後，才發現這裡的海岸是如此不堪，四處堆滿了垃圾，這些人們製造的垃圾是經由陸地上的河川流放到大海，再經由大海沖刷又還給了陸地、還給了人們。好在近年來有許多的環保人士，也有學校帶著學生來海邊淨灘，不然，你這棵椰子樹恐怕早被垃圾給掩埋了。

如果你是一棵生長在河海交接處的水筆仔，那也可以先介紹自己為什麼會這麼珍貴，因為你是世界上少見的胎生植物，一開始臺灣人並不知道你的寶貴，老嫌你長在河岸邊擋住船隻的進出，所以把你的族群給剷除得差不多了。幸好後來有人發現你是稀有物種，才開始保護你們，目前在北臺灣的關渡，以及新竹、苗栗沿海都能看到你們族群的蹤影，而且只要有紅樹林的存在，那兒的生態都會特別的豐富，魚蝦蟹及水鳥都會聚集在你們的身邊，也讓這裡成了最佳的自然生態園地。

你若是一棵行道樹，那就真有些倒楣了，除了每天必須承受汽機車排放的廢氣，還要忍受人們對你不禮貌的行為，比如不時會對你吐痰、吐檳榔汁，更可怕的是遇到了酒駕的人，不僅撞傷了自己，還可能讓你們失去了性命。而且路邊的行道樹，永遠都是灰撲撲的，這樣的處境一定會讓你有吐不完的苦水。

比較之下，生長在公園、校園裡的綠樹，似乎就幸運多了，也許你可以以一天做為書寫的題材，從早晨被好朋友鳥兒們喚醒，就此展開一天的生活來寫。如果你是住在學校，那麼接下來就會看著孩子們陸續來上學了，這些孩子想必是讓你又愛又怕，愛的是他們會為

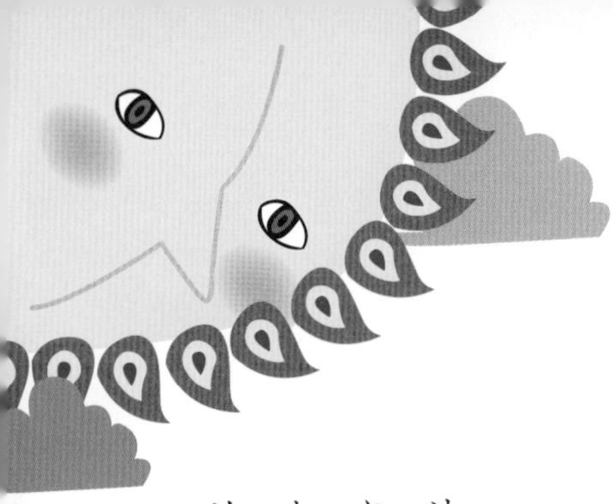

你澆水、掃落葉，但遇到調皮搗蛋的孩子，不是跑來抓你鬍鬚或頭髮，就是掛在你的手臂上晃呀晃的，差點兒沒折斷了你的手臂。有些更過份的孩子，沒經過你的同意，就在你的身上刺青，不是某某人留念，就是誰又愛誰了，這讓你又痛又醜，好在經過師長的糾正，這樣的情況才慢慢改善了。每天你要陪著孩子們升旗聽訓話，還要陪著他們上課讀書、下課玩耍，一直要等到他們放學了，耳根才能清靜，這時鳥兒們也回來了，帶回了牠們在外面一天的所見所聞，所以你即便不能行動，但對外面發生的事都瞭若指掌。

當然你也可以選擇當一棵住在深山裡的神木，這一千多年來，你看盡了各個朝代的興衰，也看多了人們缺乏智慧的行為，尤其近幾十年來，人類發明了太多太多看起來方便好用的東西，卻也因此帶來生態的浩劫。最近更有一些「山老鼠」，來到深山盜伐樹木，你許多的老朋友，像是牛樟、紅豆杉都被砍了，這是不是很讓你傷心呢？也許住在城市裡的老樹也會有威脅存在，有時為了開路或擴建甚麼，一樣會遭到砍伐。好在現在大家環保意識抬頭，知道不可以輕易砍掉這些彌足珍貴的老樹，還為它們造冊建檔，這些樹族裡的老先生們才得以繼續存活下來，也許這也讓你看到了一線希望。

今天你不管選擇的是甚麼樹，都可以好好為它們代言，因為它們即便是滿肚子委屈，也是無法言語的，所以平時我們要靜下心來好好聆聽，就會知道樹的心聲。而且你也可以站在樹族的立場，好好警告呼籲一下人類，切莫再傷害山林樹木，不然到最後大自然再次的反撲，倒楣遭殃的還是人類自己呀！

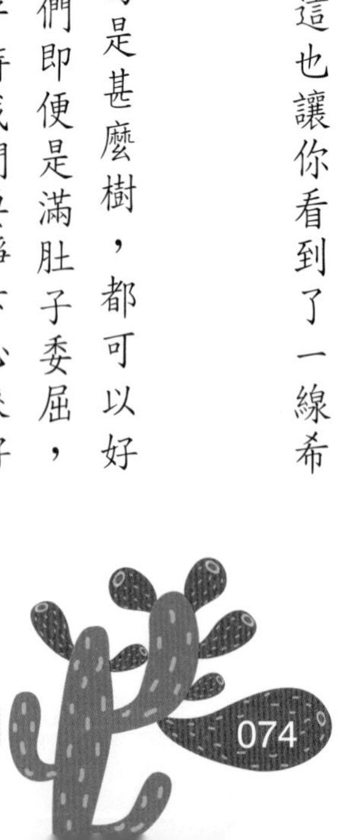

10. 聖誕天使

每當進入十二月，走在街道上，走進賣場裡，就會聽到正熱鬧播放著聖誕歌曲，還可以看到各式各樣的聖誕樹被擺置在最醒目的櫥窗或大廳裡。是的，聖誕的腳步近了，小朋友期盼的節日即將來臨，這原本是個宗教氣氛濃厚的佳節，如今卻不管是否信奉天主教或基督教，大家都會開心的迎接這個日子的到來，因為在這一天，和親朋好友們可以互送禮物，甚至還能吃到聖誕大餐呢！

當然聖誕節會受到小朋友歡迎，很重要的一個原因，就是聖誕老公公的出現了，他會在平安夜的這一天，駕著馴鹿雪橇到世界各地送禮物給小孩子，大人不是會告訴你嗎？只要是乖小孩，就可以收到聖誕老人送的禮物。但

是，你相信聖誕老公公的存在嗎？傳說，最早的聖誕老公公是一位紅衣主教，他因為看到許多貧窮的孩子，在聖誕節這一天沒有禮物可得，於是他想辦法募來了許多的東西，在聖誕夜這一天，駕著馴鹿雪橇到處去送禮物，這就是聖誕老公公的由來。

朱老師小時候每年聖誕節的早上，都會發現枕邊有一份聖誕老公公送的小禮物，多半時候會是一小盒糖果，有一次收到的還是巧克力糖呢，這讓我對聖誕老公公充滿了好奇與感謝。在我十歲那一年的平安夜，我決定要保持清醒，好親自謝謝這位送了我這麼多禮物的聖誕老公公，可是那個夜晚矇矇朧朧中，我看到的卻是一個熟悉的身影，他不是別人，他就是我的父親，雖然有些微的失落，但我仍然很感謝父親那麼多年來，送了我這麼多的禮物。

我的女兒則是在她讀幼稚園小班時，便不再作聖誕老公公的夢了。那一次的聖誕派對是在幼稚園烤肉，大家吃飽喝足了，最後出現了一位聖誕老人發送禮物給所有小朋友，在回程的車上我問女兒玩得開心嗎？聖誕老人的出現有沒有讓她好興奮？她冷靜的說：「可是他是坐摩托車來的呀！」我趕緊告訴她現在的聖誕老人為了要多送一些禮物，所以都不再坐馴鹿雪橇了。她聽了仍是平靜的說：「可是他是阿迪的爸爸！」唉！這我就無話可說了。自此，她的聖誕老公公夢便幻滅了。

如果你曾經看過一個「雪人」的動畫，你就會知道，不僅雪人的故鄉、連聖誕老人都住在北極呢！每當夜晚降臨，等人們都入睡了，所有的雪人都會飛回北極，在那兒開心的唱歌、快樂的跳舞，而聖誕老人也會出來參加他們的派對，這故事中的小男孩，就是被他自

己堆的雪人，帶著飛到了這有著七彩極光的北極，和雪人們共度了一個終生難忘的聖誕夜，最後聖誕老公公還送他一條藍色的圍巾當禮物。第二天早晨，他被刺眼的陽光驚醒，當他衝到院子時，卻看見雪人融化了，難不成昨晚的一切只是一場夢？但他發現自己的口袋裡確實有一條藍色的圍巾，是聖誕老公公送他的圍巾，這讓他傷心的跪坐在雪地裡，暗暗哭了起來。這是一個很動人的故事，有機會你一定要看喔！

此外，在北歐的芬蘭也有一個聖誕老人村，裡面都是退休的老公公、老婆婆在那兒當義工，他們會整理好全世界捐贈的各種物資，再分配給貧困地區的孩子，讓他們不止是聖誕節，任何時刻都能感受到世界各個角落送來的溫暖，他們也會接收各地孩子寄來的信件，你也可以寫信去喔！因為那兒的聖誕老人甚麼國

籍都有，寫中文也通喔！只不過，我好希望你們寫去時，不是為了要求甚麼，而是多多問候他們的辛勞，如果能盡點心，捐贈一些物資，那就更好了。

所以，你認為聖誕老公公存在嗎？其實這世上是否真的有聖誕老公公，是要看你怎麼定義這位人物。如果我們指的是在天上駕著馴鹿雪橇飛奔的聖誕老公公，那確實是有些奇幻的；但如果我們指的是會在聖誕節送禮物與溫暖給需要的人的聖誕老人，那我就相信他真的存在，而且像這樣的聖誕老人還不只一個喔，而是無數個，因為只要願意，任何人都可以扮演這樣的角色。

就像每年聖誕節前，我們都會在許多百貨公司門口看到聖誕樹上掛著一張張的許願卡，許願的都是一些弱勢家庭或育幼院的孩子，卡片上有的寫著：「我想要有一個新的鉛筆盒，因為原來的已經壞了。」或是「我想要一支手錶，不一定要新的，能看時間就可以了。」還有的是「我的書包破了，我需要一個能用的書包。」每當我看到這些許願卡都心疼不已，不過讓我很欣慰的是，這滿樹的願望，早都已經被善心的人們認領，為他們實現了。

如果你有這樣的機會，你會幫助這些小朋友完成他們的心願嗎？我相信你會的，而且這是你能力所及的事。所以我們今天回到家，可以好好整理一下自己的物品，一定會發現有很多多出來的文具、玩具，它可能是全新的，連用都沒用就被你放在一個角落給遺忘了，你可以把它們整理好，捐出來給需要的人呀！所以我們也許沒辦法成為一個在天上飛的聖誕老公公，但是我們可以當一個聖誕小天使，依我們的能力為這些弱勢的人們付出一些甚麼，是不是呢？

在這樣一個溫暖節日的前夕，我們可以不止是想想自己可以得到甚麼禮物，能吃到甚麼聖誕大餐，也可以想想能為別人做些甚麼，今天我們就以「聖誕天使」為題目，從你所認知的聖誕老公公寫起，你相信這世界上真的有聖誕老公公嗎？你心目中的聖誕老公公是甚麼模樣？當我們從別人的手上接過一份祝福、一份禮物時，我們是不是也可以把這份溫暖給傳遞出去？

你曾想過自己可以為別人做些甚麼嗎？而且不止是在聖誕節這一天付出唷，一年三百六十五天都可以傳送我們的溫暖，對象也不止於是人，連身邊的流浪動物，以及生養我們的地球，都可以是我們所關懷珍惜的對象。當我們有能力付出的時候，你會發現那是一件多麼快樂的事，所以從今年的聖誕節開始，就讓我們一起做一個快樂的聖誕天使吧！而且是全年無休的天使喔！

11. 冷冬

記得有一年的晚秋，我是在大陸南京度過的，在那兒半個月的期間，我是眼看著冷冬一天一天逼近，我剛去的時候還是秋高氣爽的天氣，但隨著一場一場雨後，氣溫便節節下降，直至冷到你不得不承認——冬天真的來臨了。你喜歡冬天嗎？若不是顧忌在外流浪的貓狗，以及流落街頭的遊民，朱老師可真是愛死了冬天，因為冬天會讓我的心沉靜下來，腦子也冷靜許多，可以思索許多的事，寫起文章來也順遂許多。

而且冬天窩在暖暖的被窩裡，看書、聽音樂，甚至吃點零嘴，那真是最享受的事了。如果到了晚上，又有一鍋熱騰騰的火鍋等著你，那就更圓滿了。在臺灣光是火鍋種類就令人目

不暇給，麻辣、泡菜、沙茶、酸白菜、味噌、柴魚，還有創新的牛奶、豆漿、番茄等湯頭鍋底任你選，而各式各樣的火鍋料也是多到不勝枚舉，一個冬天下來，想不胖都難呀！有一年冬天，朱老師回娘家，正好碰上我的二姊在吃瑞士火鍋，你知道那是甚麼樣的火鍋嗎？就是用各式水果去沾裹小鍋子裡的巧克力醬，好吃是好吃，但那真是會胖死人哪！

冬天的美食熱量似乎都特別的高，大家愛喝的熱可可、阿華田、燒仙草，沒有一樣不胖人的。但偏偏天一冷，人們就會想喝這些甜甜的熱飲來禦寒，要不就是大吃巧克力，好像不這樣，就無法熬過寒冬呀！其實，不光是進食能驅寒，還有許多方法可以讓我們保持溫暖喲！比如洗熱水澡或者去泡個溫泉，現在臺灣有很多地方都可以泡露天溫泉，一邊欣賞風景、一邊泡湯，真是很棒的享受。

此外，很多小朋友都很喜歡在口袋裡揣一個暖暖包，不時拿它出來搓搓揉揉，既有趣又保暖。朱老師有一個學生，前兩年陪媽媽回大陸探親，幾乎從不下雪的外婆家，卻遭逢暴風雪，當地禦寒的設備不足，晚上就算蓋了幾床被子，仍被凍到快結冰了，還好最後靠著從臺灣帶去的暖暖包救命。照他的說法，在屋子裡，連鼻涕都凍成冰條了，還有，水管也結凍了，因此要用水必須到屋外剷雪。哇！好難想像那個畫面。

臺灣再怎麼冷，也不會到這樣的地步，也因此讓我們大人小孩都很嚮往下雪，尤其小孩子一想到可以堆雪人、打雪仗，就恨不得天上即刻飄雪。其實呀，堆雪人真的沒有那麼容易，朱老師曾經和女兒在日本京都的比叡山上堆過雪人，才堆沒多久，兩隻手便已經凍僵了，後來是犧牲了一雙皮手套，才勉強把一百

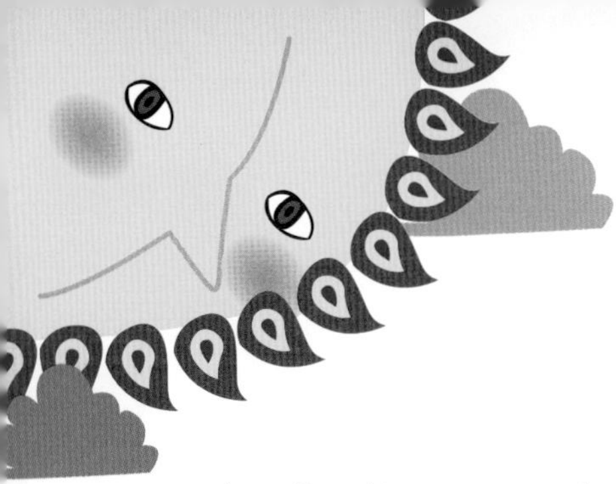

公分高的雪人給完成。我們還用小松果當他的眼睛，幫他戴上毛線帽和一條美麗的圍巾。那天要下山的時候好捨不得唷，因為他真的被我們打扮得很可愛，好像是有生命的。

你呢？曾經玩過雪、賞過雪嗎？在臺灣非得要到高山上才看得到雪呀！朱老師年輕的時候就曾上過合歡山賞過雪，那也是我第一次看到雪，一開始挺興奮的，但後來天氣越來越冷，冷到我呼出去的水氣都結冰了，本來我們要徒步走到松雪樓的，但走到一半我就放棄了，因為全身已凍到僵硬，連跨步都有問題。我還記得在回程的路上，看到一個小鋪子擠滿了人，裡面只賣泡麵和紅豆湯，而且貴得要死。我選了紅豆湯，一口喝下去卻是酸的，這麼冷的天，紅豆湯怎麼可能會壞掉？難不成它是去年的存貨，真是恐怖！所以我對合歡山的印象實在不好。

在臺北的近郊陽明山也曾下過雪，它雖然不是頂高，但因為有一面迎海、水氣足，所以大寒流來襲時還是可能飄雪的。朱老師的姊姊在讀高中的時候，就曾用塑膠袋裝了一袋雪，從陽明山上飛奔回來，想讓我們的父親看看久違了的雪（因為父親的家鄉會下雪），她也讓我和大姊開開眼界，但等我們看到的時候卻已經化成一袋灰水，這讓她懊惱不已。

如果你曾經玩雪或賞雪過，不管是在國外，或是在國內的合歡山、玉山，今天都可以把這難得的經驗寫出來，或者你曾經擁有過很美好的泡湯之旅，也可以描述一番呀！像朱老師就曾在冬天的日本北海道泡過露天溫泉，當時雖然有下雪，只可惜雪花落在了遠方的山頭，如果能夠一邊泡溫泉、一邊看著白雪從天而降，然後消融於溫泉之中，那一定很美妙。如果你有這樣的經驗，不妨寫出來讓大家羨豔

一番吧！

此外，也可以把你在冬天做過甚麼特別的事，或有甚麼禦寒妙方寫出來和大家分享。像朱老師的父親很瘦，沒甚麼脂肪禦寒，所以每到冬天都一定需要烤電暖爐，當他寫稿的時候，就可以看到家裡的一堆貓咪蹲在他腳邊也跟著取暖。有一年我興致大發，特別為父親生了一盆炭火，不時丟一些橘子皮進去，頓時滿室清香。後來人家送來一包紅棗，我便把紅棗在炭火上烘烤一下，再加些冰糖煮成甜湯，讓父親增添些熱量。到了過年又有人送來香腸，我和姊姊索性學貓咪蹲在父親的腳邊烤起香腸來，不一會兒便肉香四溢，父親也跟著我們吃得好不歡愉。只是事後抬頭一看，天花板給我們熏出一塊好大的黑漬來，唉！真箇是焚琴煮鶴呀！

當然你也可以把喜歡或討厭冬天的原因敘述一下。我猜大家最討厭冬天的時候，一定都是在早上，因為再沒比從暖暖的被窩中爬出來更痛苦的事了。還有用冰到刺骨的水洗手、洗餐盤，大概也是痛苦指數飆高的時刻，若這時還有人把冰冰的手，伸進你的脖子裡，說是要請你吃冰棒，那真是非翻臉不可了。至於很多小男生討厭冬天的原因，則是穿著厚重的衣物，做甚麼都不方便，甚至跌在地上要爬起來都有些困難，是不是呢？

其實臺灣的冬天已經不算冷了，如果真的到緯度高的國家，氣溫降到零下三、四十度都是有可能的，那種冷才真是嚇人。近幾年氣候變遷劇烈，許多地區都出現了有史以來少見的凜冬，動不動就傳出有人凍死的新聞，生在南國的我們，已算是非常幸運的了。所以我們與其抱怨天冷的不適，不如換個心情好好享受與

家人和樂融融泡湯或圍爐的溫暖，那麼冬天還是可以歡喜度過的呀！

12. 除舊布新

又到了歲末年終該大掃除的時候了。朱老師小時候最怕的就是這件事，因為過年前天氣多半很冷，清理環境的時候，一定都會弄得全身濕答答的，手也給凍得紅冬冬的，那真的是很難受，再加上我們家大掃除的時候，會把所有門窗都拆下來清洗，那颼颼冷風直灌進屋子裡，真的是冷到沒地方躲了。所以每年當我的媽媽宣布哪天是大掃除日時，總會惹來我和姊姊的哀聲嘆氣。

不過當一天忙碌完畢，一切都物歸原狀，坐在客廳環顧四周窗明几淨、煥然一新的模樣，還是會覺得很有成就感，所有的辛勞都是值得的。長大自己成家後，因為平時就會整理環境、定期的做打掃清潔的工作，所以就沒有那麼需要一年來一次大掃除了。這似乎和我們做人的道理有些相近，怎麼說呢？如果我們每天都能檢視一下自己的行為舉止，那麼為人處事就不會差得太遠，但是，如果我們並沒有這樣的習慣，那麼在每年歲末的時候，可就要好好來個大檢討，我們的環境需要大掃除，我們人也需要除舊布新一番呀！

首先，我們可以好好檢視一下，在過往的一年中，有甚麼問題是深深困擾著自己，也造成了別人的不便或負擔，比如說「賴床」這件事，是不是常使你瀕臨遲到的邊緣，也讓父母每天一大早便處在抓狂的狀態。朱老師就常聽到家長在抱怨這件事，也聽過各種應對方法，包括大吼大叫、用水噴臉，還有的乾脆把棉被給沒收了。但我覺得最好的方法就是讓小朋友對自己的行為負責，如果因為賴床造成遲到，或必須自己想辦法去學校，那就讓小朋友面對

這樣的後果吧！不然有時候看到父母為了怕小孩遲到擔心得要死，而小朋友卻賴皮、完全的無所謂，那就不對了。

另外，挑食也是小朋友常有的毛病，這個不吃、那個不吃，讓父母煩心得不得了。也許自己也不希望如此，但是像苦瓜、茄子、芹菜、青椒……，不是太苦、就是太爛，有的還有一股怪味道，真的是讓人難以下嚥，弄到最後每次在餐桌上，親子關係都變得好差，用餐的氣氛也壞得不得了，這是否也讓你很煩惱呢？

還有些人動作真的很慢，寫功課慢、吃飯慢、洗澡慢，做甚麼事都慢，在他身邊的人都快急死了，他卻還堅持著自己的步調做每一件事。的確，動作慢一點可以把事情做得仔細些，但是如果慢到像蝸牛一樣，那事情做得再

好卻無法完成，也是沒有用的。朱老師曾經教過一個很可愛的小女孩，她就是一個超級慢動作，我是到她們學校教作文的，她一年級來上課時，每次都會遲到半個小時，因為大家都放學了，她還在和午餐奮鬥，接著收書包也要花很多的時間，有一陣子遲到更嚴重，我問她是怎麼了，她居然回答我：「因為冬天到了！」看她的樣子好像真的打算冬眠了。幸好她在三年級的時候開始學跆拳道，手腳突然變得俐落很多，至此從一隻慢烏龜變成忍者龜了。

所以說，只要願意，一定能把自己一些壞習慣給改過來的，動作慢的去學一樣自己感興趣的運動，讓細胞活絡起來，也許表現就會不一樣；挑食的人試著一點一點的去接受你所不喜歡吃的食物，像朱老師不敢咬破牡蠣的圓肚肚，我就會試著用吞的，把營養一樣吃進肚子裡；至於會賴床的，就讓自己每天晚上早點睡，一覺好眠就比較不會賴床了；而愛花錢的，每次要下手買東西前，先讓自己冷靜一下，再思索這東西是我想要的、還是需要的呢？人們想要的東西真的太多太多了，如果放任自己的物質慾望去作祟，那會像個黑洞一般永遠填不滿。

至於其他的毛病，比如精神比較散漫的，就努力讓自己專心些，也就是說養成一個習慣，一次只做一件事，先專注的把它完成了，再去做第二件事。我發現每次上課在寫作文時，超過時間仍無法完成的，不見得是動作慢的人，落後比較嚴重的反而都是不專心的人，他們寫寫停停，如果沒有人督促，很可能就一直發呆到下課了，真的很令人頭痛。而會造成這樣的結果，多半就是電視看太多、電動打太多了，人變得渙散得不得了。如果你有這樣的自覺，那就記得唷，先戒掉電視、電動的癮，以看課外書來取代，閱讀可以讓人專心，注意力集中，還可以增強學習力，簡單說就是可以讓人變聰明，這樣的改變你願不願意呢？

還有做事粗枝大葉的人，則把動作放慢一點，像朱老師小時候就是一個急驚風，寫功課像在趕火車，因為寫完了就可以出去瘋了，以至於寫出來的字像鬼畫符般，連自己都覺得慘不忍睹。後來長大出社會做的第一份工作，是編一部大辭典，同事中有一位女孩，字寫得超級漂亮，我觀察她之所以能把字寫得如此好，是因為她總是一筆一劃的慢慢寫，也許看起來動作有些慢，但她很仔細、不容易出錯，所以整體而言，她做事寫字的效率，反而比那些看起來快手快腳的人要好。從此以後我便學習她，把自己的動作放慢一些，寫字也一筆一劃的好好寫，如此一來，我竟然覺得寫字是一件很有意思的事，尤其聽到別人誇讚我字寫得很好看時，更能把寫字當作一種享受了。你看，朱老師到年紀很大了，都還能改掉一些壞習慣，更何況是小小年齡的你們呀！

朱老師今天只是舉了幾個例子，也許還有其他不少的壞習慣困擾著你，那麼，我們就趁著這歲末年終的時刻，寫一篇文章來好好檢視一下，先談談自己被甚麼問題所困擾，接著可以想想有甚麼方法可以根本解決這些問題，最後定下一個除舊布新的計畫，讓自己在新的一年能脫胎換骨，成為一個煥然一新的人，相信這會是你送給自己最棒的新年賀禮唷！而且有專家說過，人在小的時候就要把生活習慣給調整好，不然一旦長大要改變就有些難了，所以大家要把握時機，好好的為未來人生做準備喲！

遊戲讀本

一、成語練習

（一）人體器官大集合

在日常生活中，我們會透過電視、書本，或者是言談中學得許多的成語，並且不自覺的把它們都儲存在腦海中，就像電腦一樣儲存了許多各式各樣的資料。今天我們就以人們身上看得見、看不見的器官為範圍，下達指令，將相關的成語全叫喚出來，接著運用在造句或短文中，經過這樣雙重的練習，相信一定能讓我們對這些成語留下深刻的印象。

凡是人體器官都包含在範圍內，例如：

頭 首 額 眉 眼 目 睛 臉 面 顏 腮

耳 鼻 口 嘴 脣 舌 齒 牙 喉

頸 肩 背 肋 臂 手 掌 拳 指

胸 乳 腰 肚 腹 股 腿 脛 膝 腳 足 趾

腦心肝膽肺腑胃腸

毛髮筋骨髓肉皮肌膚血

（小叮嚀♥其中雖有些稱不上是器官，但仍算是身體的一部分，所以可將它們包含在內。）

答案

頭頭是道　眉飛色舞　畫龍點睛　五顏六色　鼻青臉腫　脣槍舌劍　以牙還牙　摩肩接踵　三頭六臂　拳打腳踢

馬首是瞻　眼花撩亂　灰頭土臉　尖嘴猴腮　口若懸河　舌粲蓮花　為民喉舌　背道而馳　手無寸鐵　食指大動

焦頭爛額　目不暇給　面面相覷　耳熟能詳　七嘴八舌　咬牙切齒　刎頸之交　兩肋插刀　掌上明珠　胸有成竹

水乳交融　腰纏萬貫　心知肚明

腹背受敵　懸梁刺股　承歡膝下

腳踏實地　足不出戶　趾高氣昂

腦滿腸肥　心有餘悸　肝膽相照

膽小如鼠　肺腑之言　胃口大開

羊腸小徑　毛骨悚然　筋疲力竭

骨瘦如柴　食髓知味　骨肉之情

皮開肉綻　肌膚之親　血濃於水

（小叮嚀♥ 請盡情書寫，像「心」字就有數不盡的成語可羅列。）

(二) 造句

1. 馬首是瞻、三頭六臂
2. 心有餘悸、毛骨悚然
3. 肝膽相照、情同手足

4.脣槍舌劍、為民喉舌
5.腰纏萬貫、趾高氣昂
6.目不暇給、摩肩接踵
7.面面相覷、背道而馳
8.骨肉之情、血濃於水
9.手無寸鐵、腹背受敵
10.耳熟能詳、胸有成竹

（小叮嚀♥造句時，同一題的兩個成語次序可隨意。）

（三）成語解釋

1.馬首是瞻：比喻服從指揮，樂於追隨。
2.三頭六臂：比喻本領非凡很厲害。
3.心有餘悸：令人生懼又危險的事已過，回想起來仍覺得害怕驚疑。

4. 毛骨悚然：驚懼害怕的模樣。

5. 肝膽相照：比喻朋友之間坦誠相待。

6. 情同手足：感情好的就像親兄弟姊妹。

7. 脣槍舌劍：比喻言語尖銳，辯論激烈。

8. 為民喉舌：為人民發聲。多用來形容民意代表。

9. 腰纏萬貫：形容非常有錢的人。

10. 趾高氣昂：得意志滿的模樣。

11. 目不暇給：眼前景物繁多，讓人來不及觀看。

12. 摩肩接踵：肩挨著肩，腳後跟碰到腳後跟。形容人多擁擠的樣子。

13. 面面相覷：形容因為過度驚嚇或感到無奈，大家互相對看，說不出話來。

14. 背道而馳：走相反的路。比喻行動和所要達到的目的相反。

15. 骨肉之情：親人之間的感情。

16. 血濃於水：比喻至親、家族、國族間密切不可分的關係。

17. 手無寸鐵：手中沒有任何武器可以抵抗。

18. 腹背受敵：前後均受到攻擊。比喻處境困頓。

19. 耳熟能詳：聽慣了，自然能很詳盡的說出來。

20. 胸有成竹：行動前已經有萬全的準備，因此非常有把握。

二、燈謎

(一) 猜字

1. 乘人不備↓↓（　）
2. 一針見血↓↓（　）
3. 不偏不倚↓↓（　）
4. 表裡如一↓↓（　）
5. 手到擒來↓↓（　）
6. 一口咬定↓↓（　）
7. 一朝一夕↓↓（　）
8. 引火自焚↓↓（　）
9. 赴湯蹈火↓↓（　）
10. 脣齒相依↓↓（　）
11. 積水成河↓↓（　）
12. 人丁興旺↓↓（　）
13. 非驢非馬↓↓（　）
14. 如虎添翼↓↓（　）
15. 近水樓台↓↓（　）
16. 日積月累↓↓（　）
17. 出口成章↓↓（　）
18. 如出一口↓↓（　）
19. 失之交臂↓↓（　）
20. 好狗↓↓（　）
21. 寶島姑娘↓↓（　）
22. 桃李滿天下↓↓（　）

23. 一心一意→→（　　）

24. 接二連三→→（　　）

25. 千言萬語→→（　　）

（二）猜成語

1. 種瓜得瓜→→（　　）

2. 剝削→→（　　）

3. 人造衛星→→（　　）

4. 啞巴吃黃連→→（　　）

5. 腹部照X光→→（　　）

6. 螃蟹→→（　　）

7. 唐僧的書→→（　　）

8. 愚公之家→→（　　）

9. 畫梅→→（　　）

10. 仙樂→→（　　）

11. 籠中鳥→→（　　）

12. 十五→→（　　）

答案

（一）猜字

1. 乘人不備→→乖

2. 一針見血→→皿

3. 不偏不倚↓↓正

4. 表裡如一↓↓回

5. 手到擒來↓↓禽

6. 一口咬定↓↓交

7. 一朝一夕↓↓明

8. 引火自焚↓↓林

9. 赴湯蹈火↓↓燙

10. 脣齒相依↓↓呀

11. 積水成河↓↓可

12. 人丁興旺↓↓侈

13. 非驢非馬↓↓騾

14. 如虎添翼↓↓彪

15. 近水樓台↓↓治

16. 日積月累↓↓明

17. 出口成章↓↓吝

18. 如出一口↓↓女

19. 失之交臂↓↓文

20. 好狗↓↓狼

21. 寶島姑娘↓↓始

22. 桃李滿天下↓↓夥

23. 一心一意↓↓憶

24. 接二連三↓↓一

25. 千言萬語↓↓夠

（二）猜成語

1. 種瓜得瓜→自食其果
2. 剝削→不勞而獲
3. 人造衛星→不翼而飛
4. 啞巴吃黃連→有苦難言
5. 腹部照X光→肝膽相照
6. 螃蟹→橫行霸道
7. 唐僧的書→一本正經
8. 愚公之家→開門見山
9. 畫梅→妙筆生花
10. 仙樂→不同凡響
11. 籠中鳥→插翅難飛
12. 十五→一五一十

三、字音辨正

1.「摘」要→（　　　）
2.「搧」扇子→（　　　）
3.「啜」泣→（　　　）
4.「銜」命→（　　　）
5.不「啻」→（　　　）
6.「湛」藍→（　　　）
7.山「嵐」→（　　　）
8.馬「嵬」坡→（　　　）
9.「嶄」新→（　　　）
10.山「嶽」→（　　　）
11.「妲」己→（　　　）
12.「揖」讓→（　　　）

13. 「播」音→→（　　）

14. 「撒」嬌→→（　　）

15. 「撮」合→→（　　）

16. 「擅」自→→（　　）

17. 「擁」擠→→（　　）

18. 「擘」畫→→（　　）

19. 「旮」「旯」→→（　　）

20. 日「昃」→→（　　）

21. 「晌」午→→（　　）

22. 「曙」光→→（　　）

23. 「瀆」職→→（　　）

24. 「瀕」臨→→（　　）

25. 烘「焙」→→（　　）

26. 「炸」雞↓↓（　　）

27. 「矜」寡↓↓（　　）

28. 「羸」弱↓↓（　　）

29. 「萌」芽↓↓（　　）

30. 「蠹」蟲↓↓（　　）

31. 「行」家↓↓（　　）

32. 衣「袂」↓↓（　　）

33. 廣「袤」↓↓（　　）

34. 羞「赧」↓↓（　　）

35. 「踟」「躕」↓↓↓↓（　　）（　　）

36. 「踉」「蹌」↓↓↓↓（　　）（　　）

37. 「遏」止↓↓（　　）

38. 精「髓」↓↓（　　）

39.「沏」茶→→（　　）

40.「桎」「梏」→→（　　）

41. 百折不「撓」→→（　　）

42. 妄自「菲」薄→→（　　）

43.「赫赫」有名→→（　　）

44. 行遠自「邇」→→（　　）

45.「秣」馬厲兵→→（　　）

46.「陟」罰臧「否」→→（　　）

47.「迥」然不同→→（　　）

48. 短小精「悍」→→（　　）

49. 神「荼」鬱「壘」→→（　　）

50. 茅「塞」頓開→→（　　）

51. 苦心孤「詣」→→（　　）

52. 夏「雨」「雨」人→→（　）（　）

53. 「間」不容髮→→（　）

54. 不見經「傳」→→（　）

55. 如火如「荼」→→（　）

56. 「沆」「瀣」一氣→→（　）（　）

57. 罪無可「逭」→→（　）

58. 風馳電「掣」→→（　）

59. 「醍」「醐」灌頂→→（　）（　）

60. 「侃」侃而談→→（　）

答案

1. 「摘」要→→ㄓㄞ

2. 「搧」扇子→→ㄕㄢ

3. 「啜」泣→→ㄔㄨㄛˋ

4. 「銜」命→→ㄒㄧㄢˊ

5. 不「啻」→→ㄔˋ

6. 「湛」藍→→ㄓㄢˋ

7. 山「嵐」→→ㄌㄢˊ

8. 馬「嵬」坡→→ㄨㄟˊ

9. 「嶄」新→→ㄓㄢˇ

10. 山「嶽」→→ㄩㄝˋ

11. 「妲」己→→ㄉㄚˊ

12. 「揖」讓→→ㄧ

13. 「播」音→→ㄅㄛˋ

14. 「撒」嬌→→ㄙㄚ

15. 「撮」合→→ㄘㄨㄛˋ

16.「擅」自→→ㄕㄢˋ

17.「擁」擠→→ㄩㄥˇ

18.「擘」畫→→ㄅㄛˋ

19.「旮」「旯」→→ㄍㄚ ㄌㄚˊ

20. 日「昃」→→ㄗㄜˋ

21.「晌」午→→ㄕㄤˇ

22.「曙」光→→ㄕㄨˋ

23.「瀆」職→→ㄉㄨˊ

24.「瀕」臨→→ㄅㄧㄣ

25. 烘「焙」→→ㄅㄟˋ

26.「炸」雞→→ㄓㄚˊ

27.「矜」寡→→ㄍㄨㄢ

28.「羸」弱→→ㄌㄟˊ

29.「萌」芽→ㄇㄥˊ

30.「蠹」蟲→ㄉㄨˋ

31.「行」家→ㄏㄤˊ

32. 衣「袂」→ㄇㄟˋ

33. 廣「袤」→ㄇㄠˋ

34. 羞「赧」→ㄋㄢˇ

35.「踟」「躕」→ㄔˊ ㄔㄨˊ

36.「踉」「蹌」→ㄌㄧㄤˋ ㄑㄧㄤˋ

37.「遏」止→ㄜˋ

38. 精「髓」→ㄙㄨㄟˇ

39.「沏」茶→ㄑㄧ

40.「桎」「梏」→ㄓˋ ㄍㄨˋ

41. 百折不「撓」→ㄋㄠˊ

42. 妄自「菲」薄→→ㄈㄟˇ
43. 「赫赫」有名→→ㄏㄜˋ
44. 行遠自「邇」→→ㄦˇ
45. 「秣」馬厲兵→→ㄇㄛˋ
46. 「陟」罰臧「否」→→ㄓˋ ㄆㄧˇ
47. 「迥」然不同→→ㄐㄩㄥˇ
48. 短小精「悍」→→ㄏㄢˋ
49. 神「荼」鬱「壘」→→ㄕㄨ ㄌㄩˋ
50. 茅「塞」頓開→→ㄙㄜˋ
51. 苦心孤「詣」→→ㄧˋ
52. 夏「雨」「雨」人→→ㄩˇ ㄩˋ
53. 「間」不容髮→→ㄐㄧㄢˋ
54. 不見經「傳」→→ㄓㄨㄢˋ

55. 如火如「荼」↓↓ㄊㄨˊ

56. 「沆」「瀣」一氣↓↓ㄏㄤˋ ㄒㄧㄝˋ

57. 罪無可「逭」↓↓ㄏㄨㄢˋ

58. 風馳電「掣」↓↓ㄔㄜˋ

59. 「醍」「醐」灌頂↓↓ㄊㄧˊ ㄏㄨˊ

60. 「侃」侃而談↓↓ㄎㄢˇ

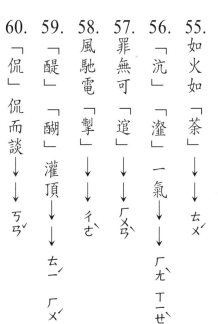

四、改錯字

1. 揚揚得意→（　　）
2. 洋眉吐氣→（　　）
3. 暴珍天物→（　　）
4. 萎糜不振→（　　）
5. 身輕如雁→（　　）
6. 一敗圖地→（　　）
7. 杯盤狼籍→（　　）
8. 岌岌營營→（　　）
9. 汲汲可危→（　　）
10. 撐目結舌→（　　）
11. 明查秋毫→（　　）
12. 血流如柱→（　　）
13. 骨道熱腸→（　　）
14. 虛寒問暖→（　　）
15. 只日可待→（　　）
16. 天衣無鳳→（　　）
17. 憑步青雲→（　　）
18. 忘塵莫及→（　　）
19. 不付眾望→（　　）
20. 良晨美景→（　　）
21. 默守成規→（　　）
22. 弄巧成茁→（　　）
23. 消聲溺跡→（　　）
24. 萬賴俱寂→（　　）

25. 喜出忘外↓↓（　）

26. 輕舉忘動↓↓（　）

27. 老少閒怡↓↓（　）

28. 淋離盡致↓↓（　）

29. 潛移莫化↓↓（　）

30. 嚇嚇有名↓↓（　）

31. 一絕不振↓↓（　）

32. 肆無忌彈↓↓（　）

33. 無居無束↓↓（　）

34. 無所是從↓↓（　）

35. 漫天過海↓↓（　）

36. 理直氣狀↓↓（　）

37. 明辯是非↓↓（　）

38. 以冒取人↓↓（　）

39. 受寵若精↓↓（　）

40. 夜狼自大↓↓（　）

41. 為虎作悵↓↓（　）

42. 頑世不恭↓↓（　）

43. 春光明眉↓↓（　）

44. 忘梅止渴↓↓（　）

45. 遊人如識↓↓（　）

46. 腦羞成怒↓↓（　）

47. 飛鵝撲火↓↓（　）

48. 觀冕堂皇↓↓（　）

49. 對薄公堂↓↓（　）

50. 拾人牙穢↓↓（　）

51. 年青氣盛→→（　　）

52. 道聽途說→→（　　）

53. 口密腹劍→→（　　）

54. 萬劍穿心→→（　　）

55. 口株筆伐→→（　　）

56. 捉禁見肘→→（　　）

57. 白壁無瑕→→（　　）

58. 無銀無涯→→（　　）

59. 草木接兵→→（　　）

60. 人芸亦芸→→（　　）

答案

1.「揚揚」得意→→洋洋

2.「洋」眉吐氣→→揚

3. 暴「珍」天物→→殄

4. 萎「糜」不振→→靡

5. 身輕如「雁」→→燕

6. 一敗「圖」地→→塗

7. 杯盤狼「籍」→→藉

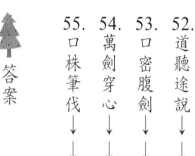

8.「岌岌」營營→→汲汲

9.「汲汲」可危→→岌岌

10.「撐」目結舌→→瞠

11. 明「查」秋毫→→察

12. 血流如「柱」→→注

13.「骨」道熱腸→→古

14.「虛」寒問暖→→噓

15.「只」日可待→→指

16. 天衣無「鳳」→→縫

17.「憑」步青雲→→平

18.「忘」塵莫及→→望

19. 不「付」眾望→→負

20. 良「晨」美景→→辰

21.「默」守成規→→墨
22. 弄巧成「茁」→→拙
23. 消聲「溺」跡→→匿
24. 萬「賴」俱寂→→籟
25. 喜出「忘」外→→望
26. 輕舉「忘」動→→妄
27. 老少「閒」宜→→咸
28. 淋「離」盡致→→漓
29. 潛移「莫」化→→默
30.「嚇嚇」有名→→赫赫
31. 一「絕」不振→→蹶
32. 肆無忌「彈」→→憚
33. 無「居」無束→→拘

34. 無所「是」從↓↓適

35. 「漫」天過海↓↓瞞

36. 理直氣「狀」↓↓壯

37. 明「辯」是非↓↓辨

38. 以「冒」取人↓↓貌

39. 受寵若「精」↓↓驚

40. 夜「狼」自大↓↓郎

41. 為虎作「悵」↓↓倀

42. 「頑」世不恭↓↓玩

43. 春光明「眉」↓↓媚

44. 「忘」梅止渴↓↓望

45. 遊人如「識」↓↓織

46. 「腦」羞成怒↓↓惱

47. 飛「蛾」撲火→→蛾

48. 「觀」冕堂皇→→冠

49. 對「薄」公堂→→簿

50. 拾人牙「穢」→→慧

51. 年「青」氣盛→→輕

52. 道聽「途」說→→塗

53. 口「密」腹劍→→蜜

54. 萬「劍」穿心→→箭

55. 口「株」筆伐→→誅

56. 捉「禁」見肘→→襟

57. 白「壁」無瑕→→璧

58. 無「銀」無涯→→垠

59. 草木「接」兵→→皆

60. 人「芸」亦「芸」→→云云

五、部首猜猜看

1. 區→→（　　）
2. 並→→（　　）
3. 戴→→（　　）
4. 兌→→（　　）
5. 乖→→（　　）
6. 凡→→（　　）
7. 丈→→（　　）
8. 夠→→（　　）
9. 升→→（　　）
10. 兼→→（　　）
11. 矛→→（　　）
12. 矣→→（　　）
13. 秉→→（　　）
14. 系→→（　　）
15. 豫→→（　　）
16. 赫→→（　　）
17. 乏→→（　　）
18. 辦→→（　　）
19. 音→→（　　）
20. 胄→→（　　）
21. 冀→→（　　）
22. 不→→（　　）
23. 夙→→（　　）
24. 元→→（　　）

25. 順↓↓（ ）

26. 麓↓↓（ ）

27. 塵↓↓（ ）

28. 竟↓↓（ ）

29. 血↓↓（ ）

30. 變↓↓（ ）

31. 芻↓↓（ ）

32. 丑↓↓（ ）

33. 萬↓↓（ ）

34. 雔↓↓（ ）

35. 私↓↓（ ）

36. 朝↓↓（ ）

37. 朮↓↓（ ）

38. 禽↓↓（ ）

39. 冊↓↓（ ）

40. 及↓↓（ ）

41. 千↓↓（ ）

42. 以↓↓（ ）

43. 互↓↓（ ）

44. 七↓↓（ ）

45. 久↓↓（ ）

46. 亟↓↓（ ）

47. 來↓↓（ ）

48. 兆↓↓（ ）

49. 全↓↓（ ）

50. 六↓↓（ ）

51. 丟↓↓（　）

52. 五↓↓（　）

53. 冕↓↓（　）

54. 券↓↓（　）

55. 劫↓↓（　）

56. 勿↓↓（　）

57. 卒↓↓（　）

58. 卷↓↓（　）

59. 去↓↓（　）

60. 叢↓↓（　）

答案

1. 區↓↓匸

2. 並↓↓一

3. 戴↓↓戈

4. 兌↓↓儿

5. 乖↓↓丿

6. 凡↓↓丶

7. 丈↓↓一

8. 夠↓↓夕

9. 升↓↓十

10. 兼↓↓八

11. 矛↓↓矛

12. 矣↓↓矢

13. 秉↓↓禾

14. 系↓↓糸

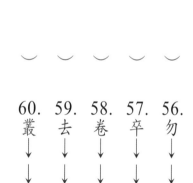

15. 豫↓↓豕

16. 赫↓↓赤

17. 乏↓↓丿

18. 辨↓↓辛

19. 音↓↓音

20. 冑↓↓冂

21. 冀↓↓八

22. 不↓↓一

23. 夙↓↓夕

24. 元↓↓儿

25. 順↓↓頁

26. 麓↓↓鹿

27. 塵↓↓土

28. 竟↓↓音

29. 血↓↓血

30. 變↓↓言

31. 芻↓↓艸

32. 丑↓↓一

33. 萬↓↓禸

34. 讎↓↓言

35. 私↓↓禾

36. 朝↓↓月

37. 朮↓↓木

38. 禽↓↓禸

39. 冊↓↓冂

40. 及↓↓又

41. 千↓↓十

42. 以↓↓人

43. 互↓↓二

44. 七↓↓一

45. 久↓↓丿

46. 亟↓↓二

47. 來↓↓人

48. 兆↓↓儿

49. 全↓↓入

50. 六↓↓八

51. 丟↓↓一

52. 五↓↓二

53. 冕↓↓冂

54. 券↓↓刀

55. 劫↓↓力

56. 匆↓↓勹

57. 卒↓↓十

58. 卷↓↓卩

59. 去↓↓厶

60. 叢↓↓又

六、歇後語接接看

1. 姜太公釣魚——（　　　　）
2. 八仙過海——（　　　　）
3. 放下屠刀——（　　　　）
4. 如人飲水——（　　　　）
5. 船到橋頭——（　　　　）
6. 打開天窗——（　　　　）
7. 兵來將擋——（　　　　）
8. 前事不忘——（　　　　）
9. 萬事俱備——（　　　　）
10. 精誠所至——（　　　　）
11. 寧為玉碎——（　　　　）
12. 冰凍三尺——（　　　　）

13. 天有不測風雲→→（　　）

14. 百足之蟲→→（　　）

15. 螳螂捕蟬→→（　　）

16. 十年樹木→→（　　）

17. 失之東隅→→（　　）

18. 前人種樹→→（　　）

19. 青出於藍→→（　　）

20. 道不同→→（　　）

答案

1. 姜太公釣魚→→願者上鉤
2. 八仙過海→→各顯神通
3. 放下屠刀→→立地成佛

4. 如人飲水↓↓冷暖自知

5. 船到橋頭↓↓自然直

6. 打開天窗↓↓說亮話

7. 兵來將擋↓↓水來土掩

8. 前事不忘↓↓後事之師

9. 萬事俱備↓↓只欠東風

10. 精誠所至↓↓金石為開

11. 寧為玉碎↓↓不為瓦全

12. 冰凍三尺↓↓非一日之寒

13. 天有不測風雲↓↓人有旦夕禍福

14. 百足之蟲↓↓死而不僵

15. 螳螂捕蟬↓↓黃雀在後

16. 十年樹木↓↓百年樹人

17. 失之東隅↓↓收之桑榆
18. 前人種樹↓↓後人乘涼
19. 青出於藍↓↓勝於藍
20. 道不同↓↓不相為謀

七、成語練習

(一)天地人

在日常生活中，我們會透過電視、書本，或者是言談中學得許多的成語，並且不自覺的把它們都儲存在腦海中，就像電腦一樣儲存了許多各式各樣的資料。今天我們就以「天」、「地」、「人」為範圍，下達指令，將相關的成語全叫喚出來，接著再運用在造句或短文中，經過這樣雙重的練習，相信一定能讓我們對這些成語留下深刻的印象。

如果成語中同時出現「天」或「地」兩個字，那就看哪個字先出現，便寫在那個字的欄位裡，比如說，「天旋地轉」這一個成語，只需要寫在「天」字欄裡，「地」字部分就不必重複書寫了。

答案

天→→天壤之別、天經地義、天倫之樂、天羅地網、天衣無縫、天崩地裂、天搖地動、天誅地滅、天馬行空、天花亂墜、天之驕子、天高地厚、天翻地覆、天網恢恢、天涯海角、天作之合、天災人禍、天寒地凍、天怒人怨、天昏地暗、花天酒地、冰天雪地、瞞天過海、光天化日、一步登天、一手遮天、坐井觀天、無法無天、國色天香、別有洞天……

地→→地大物博、地廣人稀、地老天荒、腳踏實地、不毛之地、不敗之地、立足之地、立錐之地、一敗塗地、五體投地、出人頭地、死心塌地、肝腦塗地、攻城掠地、斯文掃地、設身處地、頂天立地、不留餘地、彈丸之地、地狹人稠、威信掃地、動地驚天、地久天長、地北天南……

人
↓
↓
人定勝天、人心惶惶、人贓俱獲、人滿為患、人才濟濟、人浮於事、人去樓空、人面桃花、人海茫茫、人心不古、人心叵測、人溺己溺、人山人海、人云亦云、人仰馬翻、人命關天、人面獸心、人謀不臧、人窮志短、人微言輕、杞人憂天、一鳴驚人、旁若無人、含血噴人、借刀殺人、以貌取人、咄咄逼人、平易近人、先發制人、息事寧人……

(二) 造句

1. 無法無天、旁若無人
2. 坐井觀天、一敗塗地
3. 人命關天、草菅人命
4. 人才濟濟、出人頭地
5. 人心惶惶、天災人禍

6.人仰馬翻、天怒人怨

7.天網恢恢、人贓俱獲

8.一手遮天、瞞天過海

9.人心叵測、以貌取人

10.死心塌地、天花亂墜

(三) 成語解釋

1.無法無天：比喻人肆無忌憚，橫行霸道。

2.旁若無人：以自我為中心，毫不關心別人。

3.坐井觀天：比喻人的見識狹小，所知不多。

4.一敗塗地：比喻事情糟到不可收拾。

5.人命關天：比喻人命的重要，不可輕忽。

6.草菅人命：漠視人的性命，任意加以殘害。

7. 人才濟濟：形容有才能的人士非常多。

8. 出人頭地：超越眾人，顯現自己的才華成就。

9. 人心惶惶：形容人心動搖，驚恐不安的模樣。

10. 天災人禍：自然災害與人為造成的禍亂。

11. 人仰馬翻：筋疲力盡亂成一團，或形容慘敗的狼狽相。

12. 天怒人怨：比喻執政者無道，讓天發怒降災，讓民怨沸騰。

13. 天網恢恢：犯法之人無法逃過法律天理的制裁。

14. 人贓俱獲：形容人證物證都找到了。

15. 一手遮天：形容倚仗權勢，欺上瞞下。

16. 瞞天過海：用偽裝的手段，欺瞞人。

17. 人心叵測：人們心中懷有的惡意是難以預料的。

18. 以貌取人：以美醜來判斷人的品格才能。是一種錯

誤的識人方法。

19.死心塌地：對人一心一意，不再做別的打算。

20.天花亂墜：比喻言詞浮誇，不切實際。

八、反義詞

1. 軟↓↓（　　）
2. 濕↓↓（　　）
3. 甘↓↓（　　）
4. 捨↓↓（　　）
5. 捉↓↓（　　）
6. 貧↓↓（　　）
7. 曲↓↓（　　）
8. 狹↓↓（　　）
9. 盛↓↓（　　）
10. 矛↓↓（　　）
11. 禍↓↓（　　）
12. 良↓↓（　　）
13. 愚↓↓（　　）
14. 剛↓↓（　　）
15. 葷↓↓（　　）
16. 伸↓↓（　　）
17. 盈↓↓（　　）
18. 獎↓↓（　　）
19. 老↓↓（　　）
20. 強↓↓（　　）
21. 虛↓↓（　　）
22. 供↓↓（　　）
23. 親↓↓（　　）
24. 貴↓↓（　　）

25. 褒↓↓（　）

26. 賓↓↓（　）

27. 賞↓↓（　）

28. 賺↓↓（　）

29. 輸↓↓（　）

30. 寵↓↓（　）

31. 迅速↓↓（　）

32. 笨拙↓↓（　）

33. 整齊↓↓（　）

34. 清澈↓↓（　）

35. 潔淨↓↓（　）

36. 提拔↓↓（　）

37. 排擠↓↓（　）

38. 慷慨↓↓（　）

39. 慌亂↓↓（　）

40. 謙虛↓↓（　）

41. 慎重↓↓（　）

42. 勤奮↓↓（　）

43. 勇猛↓↓（　）

44. 忙亂↓↓（　）

45. 失態↓↓（　）

46. 廉潔↓↓（　）

47. 庸俗↓↓（　）

48. 成熟↓↓（　）

49. 幹練↓↓（　）

50. 平凡↓↓（　）

51. 寂靜↓↓（　　）

52. 密切↓↓（　　）

53. 堅固↓↓（　　）

54. 單純↓↓（　　）

55. 和諧↓↓（　　）

56. 軟綿綿↓↓（　　）

57. 胖嘟嘟↓↓（　　）

58. 熱騰騰↓↓（　　）

59. 香噴噴↓↓（　　）

60. 濕淋淋↓↓（　　）

答案

1. 軟↓↓硬
2. 濕↓↓乾
3. 甘↓↓苦
4. 捨↓↓得
5. 捉↓↓放
6. 貧↓↓富
7. 曲↓↓直
8. 狹↓↓寬
9. 盛↓↓衰
10. 矛↓↓盾
11. 禍↓↓福
12. 良↓↓莠
13. 愚↓↓智
14. 剛↓↓柔

15. 葷↔素
16. 伸↔縮
17. 盈↔缺
18. 獎↔懲
19. 老↔少
20. 強↔弱
21. 虛↔實
22. 供↔需
23. 親↔疏
24. 貴↔賤
25. 褒↔貶
26. 賓↔主
27. 賞↔罰
28. 賺↔賠
29. 輸↔贏
30. 寵↔辱
31. 迅速↔緩慢
32. 笨拙↔聰穎
33. 整齊↔紊亂
34. 清澈↔混濁
35. 潔淨↔汙穢
36. 提拔↔罷黜
37. 排擠↔接納
38. 慷慨↔吝嗇
39. 慌亂↔沉著
40. 謙虛↔驕傲

41. 慎重↓↓苟且

42. 勤奮↓↓怠惰

43. 勇猛↓↓怯懦

44. 忙亂↓↓閒適

45. 失態↓↓得體

46. 廉潔↓↓貪汙

47. 庸俗↓↓清高

48. 成熟↓↓幼稚

49. 幹練↓↓生澀

50. 平凡↓↓特別

51. 寂靜↓↓喧囂

52. 密切↓↓疏離

53. 堅固↓↓脆弱

54. 單純↓↓複雜

55. 和諧↓↓紛亂

56. 軟綿綿↓↓硬邦邦

57. 胖嘟嘟↓↓瘦巴巴

58. 熱騰騰↓↓冷冰冰

59. 香噴噴↓↓臭烘烘

60. 濕淋淋↓↓乾巴巴

（小叮嚀♥每一題的答案不只一個呦！）

九、反義成語

1. 因循苟且↓↓（　　）
2. 表裡如一↓↓（　　）
3. 岌岌可危↓↓（　　）
4. 讓棗推梨↓↓（　　）
5. 夫妻反目↓↓（　　）
6. 全神貫注↓↓（　　）
7. 春秋鼎盛↓↓（　　）
8. 一成不變↓↓（　　）
9. 怡然自得↓↓（　　）
10. 好逸惡勞↓↓（　　）
11. 粗製濫造↓↓（　　）
12. 功德無量↓↓（　　）

13. 顧此失彼→→（　　）

14. 垂頭喪氣→→（　　）

15. 光明磊落→→（　　）

16. 腦滿腸肥→→（　　）

17. 融會貫通→→（　　）

18. 名落孫山→→（　　）

19. 防微杜漸→→（　　）

20. 高瞻遠矚→→（　　）

答案

1. 因循苟且→→洗心革面、改過自新、革故鼎新、改頭換面……
2. 表裡如一→→口蜜腹劍、笑裡藏刀、綿裡藏針、佛口舌心……

3.岌岌可危→堅若磐石、穩如泰山、固若金湯、高枕無憂……

4.讓棗推梨→兄弟鬩牆、煮豆燃萁、同室操戈、骨肉相殘……

5.夫妻反目→鶼鰈情深、相敬如賓、夫唱婦隨、琴瑟和鳴……

6.全神貫注→一心二用、心猿意馬、心有旁騖、見異思遷……

7.春秋鼎盛→老態龍鍾、雞皮鶴髮、髮禿齒豁、風燭草露……

8.一成不變→物換星移、滄海桑田、白雲蒼狗、事過境遷……

9.怡然自得→杯弓蛇影、風聲鶴唳、草木皆兵、疑神疑鬼……

10.好逸惡勞→鞠躬盡瘁、披星戴月、席不暇暖、餐風宿露……

11. 粗製濫造→巧奪天工、鬼斧神工、匠心獨運、維妙維肖……

12. 功德無量→罪無可逭、惡貫滿盈、人神共憤、滔天大罪……

13. 顧此失彼→一箭雙鵰、一舉兩得、一石二鳥、一舉雙擒……

14. 垂頭喪氣→氣宇軒昂、意氣風發、龍行虎步、雄姿英發……

15. 光明磊落→獐頭鼠目、鬼鬼祟祟、賊頭賊腦、賊眉鼠眼……

16. 腦滿腸肥→形銷骨立、面黃肌瘦、面有菜色、形容枯槁……

17. 融會貫通→一知半解、囫圇吞棗、食古不化、末學膚受……

18. 名落孫山→→獨占鰲頭、金榜題名、名列前茅、脫穎而出……

19. 防微杜漸→→眾口鑠金、三人成虎、積羽沉舟、赤舌燒城……

20. 高瞻遠矚→→坐井觀天、一隅之見、以管窺天、以蠡測海……

十、色彩的聯想

在所有感官中，我們最依賴的應該就是視覺了，當我們去到一個新的地方，或者是遇到一個陌生人，我們一定會先動用自己的視覺，試著去熟悉這個環境，試著去瞭解這個人，如果是一位視障者，就必須靠著其他感官來認識這個世界了。然而對一位生下來便是眼盲的視障者來說，在我們身處的環境中，所有的事物是可以靠嗅覺、聽覺、味覺、觸覺去感知，但唯獨顏色是聞不到、聽不到、吃不到，也觸摸不出來的，我們真的很難想像他們所身處無光無色的世界是甚麼模樣，所以是不是更該珍惜上天所賜予我們的彩色世界呢？

你發現沒？色彩不僅為我們帶來視覺的饗宴，它還會左右我們的情緒，比如年節、喜慶時，看到紅色的裝飾，是不是就會油然而生歡樂的心情？而夏天看到湛藍的游泳池，就有種心曠神怡的感受？但代表

喜氣的紅色，同樣也給予我們警示、禁制的壓迫感，交通號誌中紅色代表的多是限制，而救護車、消防車也以紅色為主，甚至人類紅色的血液也會讓我們有不安的聯想；至於悠遠的藍，在西方世界也有另一種詮釋，那就是憂鬱。所以，每一種顏色都像是千變萬化的雲彩，能給予我們無比寬廣的想像空間。

今天我們就以各種顏色為題材，盡情發揮想像力，看看它們能帶給我們甚麼樣的聯想，它可以是具體的事物，也可以是抽象的一種感受，儘管把它們寫出來就可以了。

答案

1. 紅色：新年、壓歲錢、古時婚禮、熱情、炙熱、禁止通行、意外、緊急、愛心、夕陽、颱風前夕的晚霞、捐血、檳榔汁……

2. 黃色：小雞、小鴨、向日葵、計程車、菊花、香蕉、月亮……

3. 綠色：春天、山林、湖水、環保、草原、粽子、民進黨、陸軍、郵差、北一女、麥田……

4. 藍色：海洋、天空、游泳池、遼闊、國民黨、憂鬱、空軍、千元大鈔、涼爽……

5. 白色：雪花、雲朵、婚紗、醫生、護士、廚師、純潔、喪禮、天堂、棉花、天使、浪花、海軍、白霧、白鷺鷥……

6. 黑色：神祕、高貴、恐懼、鬼屋、停電、暗夜、阿飄、蝙蝠俠、魔法、忍者、黑道、柏油路、睫毛膏、硯臺、墨汁、烏鴉……

7. 金色：富裕、陽光、神像、海灘、沙漠、金子、稻浪、星光、宮殿……

8. 銀色：月光、魚鱗、刀子、錢幣、閃電、鎂光燈、不銹鋼餐具……

9. 粉紅色：女孩、kitty貓、頑皮豹、溫柔、嬌滴滴、愛情、櫻花、桃花……

10. 灰色：陰天、發霉、石雕、空氣汙染、星期一、心情低落、灰塵……

11. 紫色：薰衣草、紫米飯、芋頭、葡萄、茄子、紫藤、愛染桂……

12. 橘色：溫暖、柑橘、葡萄柚、南瓜、秋楓、螃蟹、胡蘿蔔、pu跑道……

13. 褐色：巧克力、樹幹、咖啡、泥土……

十一、聲音的描述

有時候朱老師一早起來，便清楚聽到各種鳥族在窗外的樹林間吱吱喳喳的鳴叫，從那不同的叫聲中，我依稀可分辨出十幾種的鳥類叫聲，雖然我無法知道牠們在說些甚麼，但從那聲調的高昂或清脆，是可以揣測出牠們是開心的、急切的，或正在爭執甚麼。其實在我們生活周遭，時時刻刻存在著各種不同的天籟，或者是人所製造出來的聲響，有時在寫文章時，不免需要描述它們，今天我們就藉由這個單元來模擬一下這些聲音吧！

1. 蟲：
2. 蛙：
3. 鳥：
4. 狗：
5. 貓：
6. 羊：
7. 牛：
8. 雞：
9. 獅子、老虎：
10. 風：

11. 雨：

12. 雷：

13. 溪流：

14. 海浪：

15. 歡笑：

16. 幼兒啼哭：

17. 風鈴：

18. 鞭炮：

19. 碗盤玻璃碰撞：

20. 開關門：

答案

1. 蟲：唧唧、咿咿、啁啾、嗦嗦、嗡嗡……
2. 蛙：啯啯、呱呱……
3. 鳥：吱吱喳喳、啊啊、啾啾、咕咕、叩叩、喀喀、嘎嘎……
4. 狗：汪汪、吼、嗷嗷……
5. 貓：喵、咪嗚、貓嗚……
6. 羊：咩咩……

7. 牛：哞……
8. 雞：哦哦哦、呃呃、呱呱、咕咕……
9. 獅子、老虎：吼、哄……
10. 風：呼呼、咻咻、嗚嗚……
11. 雨：淅瀝淅瀝、嘩啦嘩啦、滴滴答答、唰唰……
12. 雷：轟隆隆……
13. 溪流：呼嚕呼嚕……
14. 海浪：唰唰……
15. 歡笑：哈哈、嘻嘻、呵呵……
16. 幼兒啼哭：哇哇、喑喑、呱呱……
17. 風鈴：叮叮噹噹、叮鈴叮鈴……
18. 鞭炮：砰、霹靂啪啦……
19. 碗盤玻璃碰撞：乒乒乓乓……
20. 開關門：嘎、砰……

十二、甲骨文猜一猜

1.  ↓ ↓ （　）
2.  ↓ ↓ （　）
3.  ↓ ↓ （　）
4.  ↓ ↓ （　）
5.  ↓ ↓ （　）
6.  ↓ ↓ （　）
7.  ↓ ↓ （　）
8.  ↓ ↓ （　）
9.  ↓ ↓ （　）
10.  ↓ ↓ （　）
11.  ↓ ↓ （　）
12.  ↓ ↓ （　）
13.  ↓ ↓ （　）
14.  ↓ ↓ （　）
15.  ↓ ↓ （　）
16.  ↓ ↓ （　）
17.  ↓ ↓ （　）
18.  ↓ ↓ （　）
19.  ↓ ↓ （　）
20.  ↓ ↓ （　）
21.  ↓ ↓ （　）
22.  ↓ ↓ （　）
23.  ↓ ↓ （　）
24.  ↓ ↓ （　）

25. ↓ ↓ （　　）

26. ↓ ↓ （　　）

27. ↓ ↓ （　　）

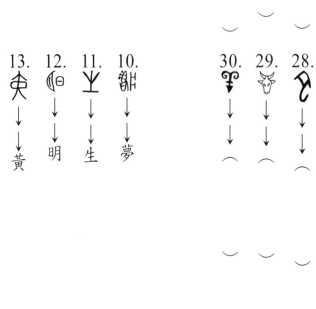

28. ↓ ↓ （　　）

29. ↓ ↓ （　　）

30. ↓ ↓ （　　）

答案

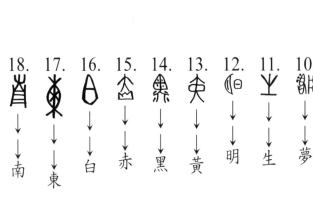

1. ↓ ↓ 木
2. ↓ ↓ 水
3. ↓ ↓ 火
4. ↓ ↓ 石
5. ↓ ↓ 葉
6. ↓ ↓ 州
7. ↓ ↓ 雲
8. ↓ ↓ 心
9. ↓ ↓ 行
10. ↓ ↓ 夢
11. ↓ ↓ 生
12. ↓ ↓ 明
13. ↓ ↓ 黃
14. ↓ ↓ 黑
15. ↓ ↓ 赤
16. ↓ ↓ 白
17. ↓ ↓ 東
18. ↓ ↓ 南

19. 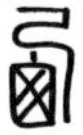 ↓ ↓ 西

20. 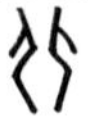 ↓ ↓ 北

21. 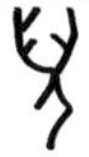 ↓ ↓ 兒

22. 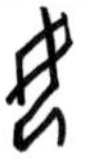 ↓ ↓ 女

23. 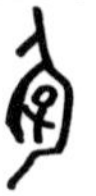 ↓ ↓ 孕

24. 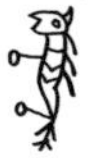 ↓ ↓ 馬

25. 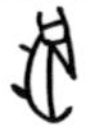 ↓ ↓ 兔

26.  ↓ ↓ 象

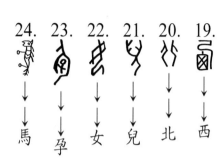

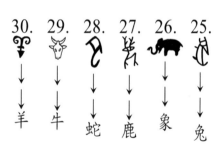

27. 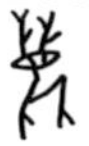 ↓ ↓ 鹿

28. 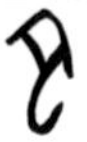 ↓ ↓ 蛇

29. 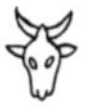 ↓ ↓ 牛

30.  ↓ ↓ 羊

朱天衣

創意玩作文有聲書 1
享受與文字玩遊戲的快樂

朱天衣 著

名作家朱天衣送給孩子的作文♥禮物！
跟著朱老師與文字玩遊戲，作文能力頂呱呱！

作　者：朱天衣
書　號：１ＡＭ６
頁　數：176頁
裝　幀：特殊20開本／平裝／彩色精美印刷
好　禮：附作文讀本朗讀MP3（共12篇，朱天依錄音）

國家圖書館出版品預行編目(CIP)資料

朱天衣創意玩作文有聲書2：文字魔力超級吸睛 /
朱天衣著. －－初版. －－臺北市：五南, 2013.09

面；　公分

ISBN 978-957-11-7195-1（平裝附光碟片）

1.漢語教學 2.作文 3.寫作法 4.小學教學

523.313　　102013979

朱天衣創意玩作文有聲書2
文字魔力超級吸睛

作　　者　朱天衣
總 經 理　楊士清
副總編輯　黃文瓊
美術設計　吳佳臻
出 版 者　五南圖書出版股份有限公司
發 行 人　楊榮川
地　　址：台北市大安區 106
　　　　　和平東路二段三三九號四樓
電　　話：〇二－二七〇五五〇六六（代表號）
傳　　真：〇二－二七〇六六一〇〇
郵政劃撥：〇一〇六八九五－三
網　　址：http://www.wunan.com.tw
電子信箱：wunan@wunan.com.tw
顧　　問　林勝安律師事務所　林勝安律師
版　　刷　中華民國一〇二年九月初版一刷
　　　　　中華民國一〇八年六月初版三刷
定　　價　三二〇元

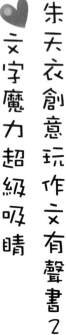